T â i - o â n

台湾学術文化研究叢書

族群

現代台湾のエスニック・イマジネーション

王甫昌［著］　松葉隼／洪郁如［訳］

東方書店

◉「台湾学術文化研究叢書」刊行の辞

王徳威

「台湾学術文化研究叢書」は日本、台湾、アメリカの学者の共同作業によって産み出された出版プロジェクトである。このプロジェクトは、古典から現代にいたる広義での漢学研究（Chinese Studies）における成果を、幅広く日本の読者に紹介し、関心を持っていただくための試みである。取り扱う領域は文学、歴史、社会、そして思想の各分野にわたる。この種の出版物は過去にも存在したであろうが、この叢書には、三つの大きな特徴がある。

第一に、これは広義での漢学研究の紹介にとどまらず、「研究者」こそが研究課題について思考し、構築し、再考する際の重要なファクターであることを強調したものである。この叢書の執筆者たちは現在、台湾、香港、北米といった各地に散らばっているが、彼らはいずれも台湾で大学教育を終え、海外に留学したか、台湾国内で研究を続けた経験を持っている。このため、彼らは方法論についての訓練、歴史的な視点、そして自地域の人文に対する関心について、他地域で大学教育を受けた者とは異なる特色を持っている。

第二に、この叢書では「孔子と儒教」、「明代の都市生活」といった伝統的な漢学研究のテーマにとどまらず、最近の新しい課題についても取り扱っている。例えば、「中国の山水画と東アジアの絵画との影響関係」、「清末小説の研究」などである。これは、私たちが漢学研究とは前人の成果を受け継ぎ未来を拓くものであり、また日々進化するものだと考えているためである。

第三に、もっとも重要なのは、私たちが「人」と「研究」が交わる場として現代台湾を位置づけていることにある。そのためこの叢書では、台湾を座標に据えた研究成果に中心を置きつつ、台湾から東アジア、更には東南アジアへとその視野を広げている。台湾のエスニックグループと世代別の変化から、満洲国での台湾人の境遇、さらには台湾が直面するグローバル化の試練に至るまで、それぞれはみな台湾の人文という要素が加わったからこそ、漢学研究の発展に独特で多元的な活力がもたらされたことを明確に示している。

伝統的な漢学研究は中国文明の精粋の表れであり、それ自体、代々受け継いでいく強固な価値を有し、「原道（あるべき道）」「宗経（宗とすべき経典）」といった神聖なる暗示をも含んでいる。しかしながら、中国はもはや不変の存在ではなく、中国に関する研究も時代とともに変化すべきである。本叢書の執筆者たちにとって、漢学研究は単なる「人が云うから我も云う」式の伝承ではない。中国の歴史文明が悠久に続いてきたのは、その豊穣なテクストとコンテクストが常に議論、解釈、批判の焦点となることで、脈々と続く対話と再考を生み出しているためである。

台湾の学術研究の過去数十年の飛躍的な進歩は、伝統との別れをその出発点としているが、依然としてその影響が続いていることも承知している。本叢書の執筆者たちは、こうした枠組みと状況を自覚しつつ、新たな見解を打ち出そうと試みている。各巻は、古典から現代まで、中国から台湾といった議論だけでなく人文上のカノンの転換、文化という場の変遷、政治的信念や道徳的信条および美学上の技法の取捨に至るまで考察を行っている。そして最も重要なのは、認識論的に、知識と権力、真理と虚構に対して思考と議論を続けていることである。

「台湾学術文化研究叢書」の構想、立案、そして訳書の選定は四人の編集委員（王徳威、黄進興、洪郁如、黄英哲）の議論を通じて行われた。この叢書の出版に関わっている専門家や学者はいずれも台湾の学術界で大きな業績を有している。彼らはそれぞれのテーマについて、新たな解釈を提起しており、彼ら自身のそうした研究態度と方法こそ、多年に及ぶ台湾の人文教育の成果を端的に示すものだといえる。最後に、この出版を引き受けてくださった東方書店に御礼申し上げる。

◉ 日本語版への序文

『当代台湾社会的族群想像』の日本語版が出版されようとしているいま、原書の中国語版が二〇〇三年に出版されてから数えるとすでに十一年が過ぎたことになる。本書が出版されたのは、台湾が政治の民主化と本土化を実現し、二〇〇〇年の総統選挙で長らく政権を担ってきた国民党が下野、民進党がはじめての政権交代を実現したすぐ後のことだった。この政権交代に対する各族群の反応は、歴史的経験や統治機構との関係によって大きく異なっていた。新政権の「族群問題」への対応は多くの支持を得ていたが、一方では多くの対立を引き起こし、政治論争が「族群」と深く関わっていると理解されるようになった。本書を構想するきっかけとなったのは、台湾の族群の起源と関係（とくに四大族群区分による各種の族群論）を分析することで、台湾族群現象が抱える様々な誤解を解きほぐしたいという考えであった。

この十一年の間に、台湾は二度目の政権交代を経験した。すなわち二〇〇八年の総統選挙で野党国民党が再び政権に返り咲いたのである。しかし、四大族群の区分とそれに基づく過去の族群問題は再び深刻な問題とはならず、むしろ新たな族群問題が人々の注目を集めている。二〇一四年七月の時点で四十九万四千人にまで膨らんだ外国人配偶者（このうち四十五万人は女性が占める）、あるいは二〇一三年二月時点で四十四万八千人を数えた国際移民労働者が、台湾社会の族群文化を更に重層的なものとし、新たな関係や衝突が産み出されつつある。また、政府は台湾原住民に対する積極政策の下でさらに多くの部族を法的に認め、日本統治時代から用いられてきた原住民九族は、二〇一四年六月には十六族五十三万七千人となっている。

これら台湾の族群をめぐる状況の変化は、二〇〇三年に出版された本書ではもちろん取り扱っていない。しかし、本書で四大族群の区分と関係を明らかにすべく採用した「族群の想像」は、読者にとって台湾における過去の族群関係を理解するだけでなく、新たな族群現象を理解する上でも役立つものとなるだろう。結局、台湾社会における族群関係のモデルは、一九九四年前後に確立されてから現在までほとんど変わってはいない。新たに出現した族群とその現象が「族群問題」になる要因と、現在展開されている新たな族群権利運動家が依拠する理論は似通ったもので、「族群の想像」とその枠組みの中で理解することができるだろう。

本書は、二〇〇八年に韓国高麗大学池恩周（Eunju Chi）教授の翻訳によって韓国語版が出版されている。刊行から十一年を経て、今回さらに日本語版が出版されるということは大変喜ばしい出来事である。私の著作が、異なる言語の翻訳を通じて、当初は想定さえしていなかった読者のもとへ届けられるのは、非常に嬉しいことである。本書の日本語版の翻訳、校訂、出版等に力を尽くしてくれた一橋大学の洪郁如教授と翻訳者の松葉隼君、費用の面で出版の支援をいただいた蒋経国国際学術交流基金会および国立台湾文学館（National Museum of Taiwan Literature）に厚く御礼申し上げる。

王甫昌　台湾、南港にて　二〇一四年九月五日。

目次

第二篇　現代台湾社会の族群の想像——台湾の四大族群

◉ はじめに

現代台湾において「族群」は間違いなく最も論争を呼びやすい話題の一つである。普段、人々は族群とは何か、台湾にはいくつの族群があるのか、族群問題があるのか否かについてまじめに考えることはない。しかし、選挙期間ともなれば、族群に関する議論や報道を政治家が意図的に誘発したとの指摘がマスメディアに氾濫している。不幸な事に、ここ十年の台湾では毎年のように選挙がある。新興のネットメディアやテレビの政治評論番組では、往々にして選挙の八、九か月前から選挙に関する話題をさかんに取り上げていく。「背景」よりも「事件」、「議題」よりも「人物」、「多元的な観点」よりも「二項対立的なもの」を強調するメディアによって、彼らの族群に関する議論は、人々にこの現象への理解を促すどころか、かえって立場の違いを明確にし、対立を深刻化させている。

さらに重要なのは、一九九〇年代以降、台湾社会は国家のあり方を転換させたという点である。異なる「族群の想像」（自分と共同の祖先・共通の文化を持った面識のない人々と同じ族群に属しているとイメージすること）の下で、人々は台湾の土地や台湾島民の過去と未来に対し、大きく異なる記憶を持ち、主張を行っている。たとえ、絶対多数の人々が族群の協調と相互尊重の重要性を認めたとしても、ひとたび台湾の「歴史」、あるいは「未来」の国家のあり方、文化の位置づけといった話題に話がおよべば、この協調を破壊し、互いの尊厳を損なう言論が噴出する。国家制度、構造、あるいは政策を調整するプロセスが、かえって人々の歴史経験や未来に対する期待の違いをあらわになる場となる。

族群とは誰も触れたくはないが、やめようにもやめられない話題のようである。

族群が多くの議論を引き起こすのは何故か。それは、人々が族群現象の特質と本質に対して多くの誤解をしているからである。台湾には族群問題があると主張している人も誤解をしており、台湾には族群問題は存在しないと主張する人もまた誤解をしている。台湾社会には、様々な形で族群現象に関する思い込みや価値判断があふれかえっている。

台湾には族群の問題が存在していると主張する人（通常、彼らは自らを「マイノリティの族群」であると考えている）はふつう、族群を「はるか昔から特殊な文化を内包し、そして境界が明確なグループ」だと捉えている。このような「族群を一つのグループとみなす」という思い込みによって、自らの「族群」の歴史と文化を神聖視し、軽々しく妥協したりはしない。族群の「過去」に対する異なる見解が衝突の根源となってしまうのである。

台湾にはすでに族群問題は存在しないと考えている人は、次のように信じている。「四十年にわたって、本省人と外省人は交友、仕事、そして通婚を行った結果、省籍の境界線は明らかに曖昧になっている」「人々の日常生活のなかで、もはや族群は問題ではない。選挙のときだけ、政治家の煽動によって、族群が問題化するのだ」。これは「政治家挑発論」といえるが、この考えによって多くの人が、族群間の文化的な差異が小さくなるにつれて、族群問題も消えていくのだと信じている。族群の相違や不平等の問題を議論し続けていくことが、族群の意識を煽り立ててしまうのである。人々は、政治家が権力のために、利用しやすい族群感情を動員することで人々の支持を得ることは不道徳だと考えている。族群を政治的に動員する対立候補を非難することが、もう一つの衝突を引き起こす恐れがある。

以上、これらの思い込みと誤解をもとに、人びとは族群現象の価値判断を行い、「一部」の政治家を盛んに批判する。しかし、個人の業績や身分の多様化が重視され、社会的な地位の変動と空間的な移動が激しい現代社会において、なぜ族群が依然として大きな影響力を有しているのかについてはほとんど考えられていない。これについて、我々は次のように考えている。すなわち「族群を集団とみなす」思考法では、人々を分類し、イメージを作り出す族群の現代社会における意義について充分に理解することが出来ない。他方で、「政治家挑発論」的な解釈は、政治家の扇動力を過大評価し、人々の自主性と理性を過小評価している。族群協調の価値を理解しながらも、こうした思い込みと誤解は無意識のうちに言動や行動面での衝突を生じさせることになる。

写真１　『遠見』雑誌第 13 期、121 期の表紙

こうした状況を変えるには、現代社会における「族群」の意義を新しく据えなおすことが必要である。上述した二つの思い込みと対話するため、本書では「族群の想像」という概念を提示している。

「族群の想像」の角度から族群現象を理解しようとすることは、比較的近年の事象である。一九世紀末、工業化の初期において、「族群」もしくは「家族」といった種類の生得的地位は新たな獲得的地位、たとえば「教育」や「階級」もしくは「職業」等に代替され、徐々にその社会的な重要性を失っていくと多くの社会科学研究者が予想してきた。しかし、一九六〇年代以降の高度な工業化の中で族群意識が息を吹き返し、こうした見方は徐々に疑問視されていく。過去二、三〇年の間に、国内外の社会学・人類学・政治学の研究者が現代の世界各国における「族群意識復活」現象に関して、新たな解釈を提示している。本書の目的は、これらの新しい研究成果を紹介し、さらに先人の啓発を元に「族群の想像」の分析視角を提示し、読者に「族群」現象にかかわる理解に向けた一助とすることである。

本書は二〇〇〇年七月一一日に行政院国家科学委員会が主宰した「高校生人文・社会科学プログラム」において筆者が行った基調講演「族群関係と族群アイデンティティー」をもとに、また過去に筆者が大学で講義した「族群関係」の一部を加えた上で、さらに新しい知見を付加して書き上げたものである。本書の想定する読者は、高校生・大学一、二年、もしくは社会科学を学んだことがない人である。社会科学研究者を読者として想定していないため、本書は基本概念と既存の知識を紹介する教科書的な構成をとり、学術専門書とはなっていない。筆者が台湾の族群研究に従事してすでに十五年近くがたっているが、執筆してきたものはすべて社会科学研究者に向けた学術論文であり、入門書、あるいは教科書を書く機会には恵まれなかった。後者は関連する課題を幅広く取り扱う必要があるが、限られた時間や精力と研究関心から、一人では族群に関わるあらゆる課題について研究することは不可能である。そこで、本書は、国内外の多くの研究者が近年に示した研究成果に基づいて、これらの研究に関する考察と整理を踏まえた初歩的な知識をまとめている。

そのなかでも、台湾の族群現象に関する多くの知見は、中央研究院社会学研究所「群衆分類研究群」の研究仲間である張茂桂・蕭新煌・蔡淑鈴・傅仰止・呉乃徳の多年にわたる研究と、彼らとの日常的な討論から多くを得ている。本書にも、彼らの研究成果と観点を多く引用している。本書は、彼らも賛同するであろうと考えられる見解をなるべく多く提示しているが、筆者自身の応答と観点も提示しており、これに関して彼らは異なる見解を有しているであろう。柯志明・謝国雄・蕭阿勤・徐正光・林鶴玲・鄭陸霖・章英華・范雲・黄応貴・黄宣衛との討論も、筆者の考え方に大きな影響を与えた。もちろん、彼らは本書の見地に責任はない。

そのほかにも、特に「高校生人文・社会科学プログラム」を主宰・協力してくださった台湾大学社会系教授の陳東升に、講演の機会を設けて下さったことに感謝の意を表したい。こうした社会科学の根を広げる仕事は、中高生に長らく影響をおよぼしてきた「自然科学を重んじ、社会科学を軽視する」台湾の教育政策から抜け出す一助となるであろうし、優秀な若者を惹きつけ、早くから社会科学研究の世界に入ることを決断させるなど、その重要性は言うまでもない。陳東升は科学プログラム活動が終了したのち、本書の出版を提案し、草稿の整理と出版への橋渡しを行ってくれた。彼の努力と催促なくしては、本書はおそらく講演の草稿でとどまっていたであろう。もともとは一ヶ月以内で完成する予定だった修正作業も、延ばしに延ばしてしまい六ヶ月近く経ってしまった。講演の際に、高校生が提示してくれた質問への回答のほか、内容を補足し、現在まだ発展途中の中の「族群の想像」という概念も取り入れた。二万字あまりの草稿は七万字になってしまった。当初、本書は「高校生・人文社会科学プログラム」の成果として、国立台湾大学と時報文化公司の共同出版で出された。この出版では、少部数であり、全ての高校図書館には収蔵されず、商業的にも発行されていない。陳東升のご尽力のもと、原稿の構成と章立てを若干調整し、群学出版社から再度出版するにいたった。書き直しと出版の間に、陳永宜・王維邦・呉柏璇には資料の整理と校正を手伝っていただき、心より感謝している。このほかにも、一九八八年の客家の「母語を返せ運動」の記録写真を利用させて下さった許伯鑫カメラマンにも感謝の意を表したい。

第一篇　族群とは何か

◉第一章　前言

今日の台湾社会において、「族群」という言葉は、社会科学の研究者だけでなく一般の人々にも広く知られており、また社会生活にも大きな影響を与えている。人々は「族群」に対して共通認識を持たず、自らがどの族群に分類されるか、もしくは台湾に族群があるのかどうか、どのぐらい族群があるのかということについて一致する見解を持ち合わせていないだろう。しかし、一定の間隔で、とりわけ選挙期間中に繰り返される議論や争議によって、族群は人々の生活に、さらには互いの見方に対して、大きな影響を与えていることも事実だろう。選挙期間だけでなく、ナショナル・アイデンティティー（統独問題）、もしくは歴史問題（歴史教科書）をめぐる議論においても、意識的にせよ無意識的にせよ、族群はこれらの問題を理解する上での重要な枠組みのひとつとして用いられている。

「族群」とは何なのか。この現象、「族群」が現代台湾に与えている影響についてどのように理解すべきか。本書は、これらの問題について答えていきたい。

台湾社会における「族群」という言葉の出現と普遍化、濫用

多くの人々にとって「族群」概念は思考の枠組みとして定着し、長い歴史のなかで語られてきたと考えている。そのために、「族群」という言葉が一九八〇年代末期から使われはじめたということは意外に思うかもしれない。換言すれば、「族群」という概念が台湾社会で広く使われているのはわずか十五年程度〔二〇〇三年現在〕に過ぎないということである。最初は台湾の人類学者と社会学者によって、英語の「ethnic groups」を意味する表現として「族群」と訳され、「ethnic groups」に関する現象の叙述と解釈に用いられたのである。一九九〇年代以降、「族群」はさらに日常的な言葉になっていった。これは台湾のいくつかの現象が族群問題もしくは族群争議という概念で表現できることに気付かされたからだろう。

しかし、この言葉が人々の生活で広く使われるようになると、急速に濫用されるようになった。台湾で日本文化が流行するにつれて、日本語のいわゆる〇〇「族」といった言葉が、台湾の異なる集団を指すために借用され、各種の異なる「〇〇族群」という呼称も次第に流行し始めるようになったのである。たとえば新聞などでいわゆる株式族、檳榔族、バイク族、銀髪族、夜行族という言葉をよく見かけたように、株券でさえも族群（電子株族群）となってしまったのである。そして台中の自然科学博物館は、星さえも族群と呼んでいる。現在の台湾において、「族群」というこの言葉はすでに「濫用」のレベルに達していることは明らかである。濫用されているというのは、このタームが非常にさまざまな異なる集団を表すのに用いられていることへの社会科学の研究者らの不満を指している。もし我々が前述した各種のグループを族群と称してしまうのであれば、「族群」と「集団」、そして「グループ」の間にどのような違いがあるのだろうか。

我々は、人々が日常生活における「族群」という言葉の一般的な使い方を変えることはできないし、また「族群」の使用を禁じることもできないが、しかし、もし「族群」を社会科学のなかで有効な分析概念に変えるのならば、先に「族群」というものの概念が示していた意義を明らかにする必要がある。こうした作業無くしては、社会現象を理解し、分析する上で「族群」という言葉は無用の長物となってしまう。我々は「族群」という言葉を本来の用法に戻さなければならず、それすなわち「ethnic groups」が「族群」と翻訳された状況に戻るということでもある。

特殊な分類としての「族群」

「族群」に関して、最も注目すべき点、そして他の集団と最も異なることの一つは、族群の社会的凝集力と影響力の強さである。現代社会で生じた多くの衝突は、どれも族群の名のもとに進行していったのである。直近でいえばユーゴスラビア内戦中にボスニアで発生した「民族浄化」(ethnic cleansing) の滅族行動が挙げられる。現代社会では、族群の名のもとに進行する衝突を毎日のように目にするし、それは非常に壮烈で、血なまぐさいものである。過去一〇〇年にわたって、多くの人は「族群」と「民族」(1)の名の下に、犠牲を受け入れ、あるいは殺人さえもいとわなかった。そしてこれらの行為は国家の鼓舞や族群集団の称賛を得られるのである。その犠牲者は烈士となり、殺人者は民族の英雄となるのである。

なぜ族群、もしくは民族がこれほどまでに大きな力を持ち、人々にこのような狂気を抱かせ、その蛮行が、国家や民族の称賛を得られるのであろうか。ここで族群とそのほかの集団を比較してみよう。自らの族群や民族のために犠牲となり、あるいは殺人を犯しても、烈士や英雄と呼ばれる。しかし、もし自主的な社会的集団（たとえば、パラシュートクラブやスキークラブ）のために犠牲を強い、殺人を犯せば、我々はこの人の心に問題があると考えるだろう。誰もが、複数の組織に属しているなかで、個人の忠誠をこれほどまでに求める集団があるだろうか。それは、現代社会の規範においては族群と民族だけであろう。それゆえ、族群は明らかにそのほかの集団と異なる性質を持っている。

本書には二つの目的がある。第一に分類上、分類法としての「族群」の特色を明らかにすることと、「族群の想像」がなぜこれほどに大きな社会的凝集力を持ちうるかを検討することである。第二は、過去一五年間の台湾における族群に関する論争と現象を、この概念を用いて理解することができるのかということである。本書は、族群の想像という概念を利用して、現在も広く通用している「四大族群」の区分がどのように生み出されているのかを説明したい。

社会学的な観点から「族群の想像」を分析、理解する

はじめに強調しなければならないのは、現代台湾社会において、族群は非常に議論の余地がある概念だということである。多くの人が族群に対して愛憎を抱いている。その結果、多くの人はこの現象に全く向きあいたくないか、族群の存在を承認したくないか、もしくは台湾にはそもそも族群があると認めない、さらには族群問題などないとさえ考えている。族群概念の使用に反対する人は、族群問題などなく、族群も存在しない、族群について議論することが族群を挑発し、もしくは族群意識を喚起し、族群問題を引き起こすのだと認識している。しかし筆者は、現実の否認、族群問題から目をそらす態度は、基本的には「病を隠し、診療を嫌がる、自分の欠点を隠し、改めようとしない」というものだと考えている。この忌み嫌う態度によって、我々は次のことがよく分からないでいる。それは、族群が強調する歴史の起源と現代にある違いはさておき、なぜ族群が大きな動員力を生み出しているのか、そして族群が引き起こす衝突がなぜ、台湾社会のなかで重要な問題になっているのかという点である。もし、族群を解決すべき問題とするならば、我々は先に族群の特性と、族群がなぜ潜在的に社会的な衝突をもたらす力を持つのかということを理解しなければならない。まさに族群現象に対する無知のせいで、多くの人々が、無意識に言語の上で、あるいは行動する上で族群の衝突と対立を激化させているのである。

本書の目的は、族群を一つの集団アイデンティティーとして、そして人間を分類しイメージする際の特性、ならびにこの概念が現代台湾社会で誕生した原因と過程を理解することである。本書は社会科学的な知見を土台とし、これらの問題を理解する上での基礎とする。最初に強調したいのは、社会科学的手法は、我々に社会現象の発生を解釈する助けになったとしても、それが良いものなのかどうか、何をなすべきかを導いてくれるわけではないとい

うことである。これらの道徳、かくあるべきという問題は非常に重要ではあるが、私は、社会科学の思考方法は価値判断の基準を提示するものではないし、またそうするべきではないと考えている。社会現象の良し悪し、またその事象をどのように変えるべきかの問題については、一人ひとりが自分の経験と立場に基づいて判断し、決定するものである。誰もが平等な基準や立場に立つべきである。換言すれば、筆者は社会科学を一つの道具とみなす。その強みは、社会現象を位置づけ、社会現象を捉える力にあり、社会に対して道徳や価値判断を行うことではない。

族群現象から考えれば、解釈の立場を強調することはより重要である。「族群の想像」は衝突と災厄を引き起こすと認識されているが、一方で、「族群の想像」はある意味でマイノリティ集団を凝集させる上での重要な力であり、「族群の想像」はマイノリティ集団が凝集して社会的な不公平に対抗する上での基盤を確保する際に役立ち、社会正義を得るための唯一の道である、とも考えられている。「族群の想像」への評価は、個人が「社会調和」か「社会的な公平と正義」のいずれを求めるかという価値の相違によって左右される。社会システムの適切な設計とは何か、ふさわしい社会行動とは何か、族群アイデンティティーとイマジネーションは合理的な集団行動の基礎となっているかどうかといった問題に対して、異なる社会的位置（特に権力構造のなかの異なる位置）によって見方が異なっている。このように、本書では族群（もしくは「族群の想像」）が善か悪かということは検討しない。この問題については読者の自身の判断にゆだねることとする。

以下、本書での紹介と族群現象に対する分析と討論は、今まで当然とみなしていた考え方を打ち破るかもしれない。「族群」というものは、多くの人からすれば神聖な位置にある。それゆえ、こうした常識の破壊は、当然と思われていたものを捉え直すプロセスによって、一部の読者は納得できないと感じるかもしれない。族群言説が強調する過去と現在の状況の違いがはっきりしているかどうかは別にして、本書が分析的かつ理性的な観点から、論争中の族群という現象を考察できれば幸いである。

【注】

（1）「族群」と「民族」には多くの共通する点がある。他方でそれらの間の一番大きな違いは、民族といった場合は通常「政治主権」の概念に関わってくることである。社会学者のアーネスト・ゲルナー（Ernest Gellner）の言葉を用いると、「民族」というのは民族主義から線引きされて出てきたものであり、民族主義が要求するのはつまり、「文化的境界線」と「政治的境界線」が必ず重ならなければならない政治的原則である。Ernest Gellner, *National and Nationalism* (Ithaca: Cornell University Press, 1983)。中国語訳：李金梅訳『国族主義』聯経出版社、二〇〇一年。〔日本語訳：加藤節監訳『民族とナショナリズム』岩波書店、二〇〇〇年〕。

◉ 第二章「族群」・「族群アイデンティティー」とは何か

本章では「族群」という概念が欧米の社会科学の領域で、どのような意味で利用されているかについて述べていく。そして、この「族群」概念が台湾社会でいかなる展開を遂げてきたかについても概説する。さらに、本章では「族群の想像」という概念を提起することで、族群という現象の台湾社会における展開と、その特徴について探求していく。

第一節　欧米社会科学における「族群」の定義

まず、欧米の社会科学の領域において「族群」および「族群のアイデンティティー」がどのように規定されているのかについて見てみよう。まず、族群の定義、およびその特性から議論を進める。

（一）「共通の起源」を用いた内集団、外集団のアイデンティティー区分

「族群（ethnic groups）」という言葉が、英語圏にみられるようになったのは比較的最近のことである。およそ一九五〇～六〇年代頃から普遍的に使用され始め、その後ウェブスター大辞典にも収録された。かつて、「族群」に類似する言葉で一般的に利用されてきたのは、種族（race）や民族（nation）であった(1)。現在、研究者は族群について以下のように定義している。

族群とは共通の起源、あるいは祖先・文化・言語を有する集団である。そのために、その集団の成員は自ら、あるいは他者から、独自の社会集団を構成する一員であると認識し、また認識されている状態を指す。

この定義は明確に二つの基準から族群を捉えている。一つは、集団の構成員は共通の文化、祖先、または起源を有するものだと認識されているということである。研究者から見れば、この定義は、族群には他の族群と明らかに異なる特徴があるのだという客観的な要素を強調している

二つ目の基準は、より主観的な要素を重視している。すなわち、族群は独自の社会集団を構成していると自認すると同時に、他の族群からも独自の社会集団であると認められているということである。この社会的プロセスによって、社会集団を族群集団として相互に承認している。この定義から見た場合、我々は次のように指摘できる。

族群が他の集団アイデンティティーに比べて特異なのは、構成員の「共通の起源」あるいは「共通の祖先（common descent）」を強調することで「自集団」と「他集団」を区別する際の基準としている点である。

結局、族群の言う「共通の祖先」「共通の起源」の真偽は重要ではない。より重要なのは、もしもある集団が共通の起源を有した集団であると自認すれば、彼ら自身の「族群の想像」を作り上げることができるということにある。強調したいのは、人々が族群を作り出しているかどうか、あるいは客観的な存在として族群が社会的に存在していることを、客観的な基準なしに決定することができるということである。「共通の文化」「共通の祖先」を主張するには、ときに歴史的、文化的な証拠を必要とする。しかし、こうした資料には曖昧な部分が多く、異なる立場からの解釈も可能である。そのため、ある族群の「本質」（「文化的」または「血縁的」なものにかかわらず）を見出す

ことは、無駄であり、異なる立場との対立を招き、族群の衝突を発展させかねない。つまり、族群現象を考える際には、族群の「本質」とは何かを問うてはならない。問題なのは、族群の分類が自己と他者との関係性をはかる手段となっているかどうかという点である。この現象に直面した際、我々が考慮しなければならないのは、自己、あるいは他者を「族群」と称する際に、どのようにして自己と他者との違いを区別するのかということである。

簡単に言えば、人々が「族群」概念を用いて人を分類する際に強調したいのは、自分と共通の起源を有する人は同じ族群に属するということなのである。こうした状況の下で、族群運動家は、歴史と文化に依拠しかつ、族群の起源を語る。彼らは、自らの族群の祖先が「いつ」「どこで」独自の集団を形成し始め、「いつ」「どのような」経過をたどって現在の居住地に至ったのかを主張し、さらに族群の文化的特質とは何か（すなわち、使用言語、風俗、習慣、独自性など）を紡ぎ出していくのである。彼らは、これらの文化と歴史を素材として、自らが独特な社会集団を構成している理由を説明し、「我々は誰なのか」を規定する。これは「族群」概念の第一の特徴である。

（二）対比的なアイデンティティーとしての「族群」

アイデンティティーの対比性は、集団アイデンティティーとしての族群が備える第二の重要な特性である。対比性とはつまり、「我々は誰なのか」を定義する際に、明確に「彼らは誰なのか」ということに対比させているということを指す。結果として「我々が誰か」を定義する場合、我々と他者の相違点を強調して対比させる必要があり、それゆえ「我々」を定義する際、実際には「彼ら（他者）とは誰か」も定義しているといえる。[2]「彼ら」は族群上の敵、あるいは抑圧者かもしれない。たとえ、族群が多元的に並存するなかでも、ある族群カテゴリーを提起する場合は必ず対比するカテゴリーが存在している。たとえば、多くの人々は現在の台湾に四つの主要な族群があり、多重族群の状態であると認識している。しかし、注意深く観察すれば、いずれの族群カテゴリー（特に劣勢族群）も、明確に対比するカテゴリーを有しているとわかるだろう。たとえば、いわゆる「本省人」は「外省人」というカテゴリーに、「原住民」は「漢人」に対置されている。[3] 族群分類の対比性は非常に強烈で、それは「我々」「彼ら」を用いてカテゴリーの境界線を引く。当然、こうした対比的特性は族群だけが有するものではなく、あらゆる集団アイデンティティーはおおよそこの現象を経験しているであろう。「族群」という分類のイメージは、自己の族群と差異を有するあらゆる他者との対比に利用されるわけではなく、重大な社会的意義を有する対比的カテゴリーのみと関連づけられる。この対比する二つのカテゴリーは通常、衝突や対立という関係を有しているため「敵」として規定され、それゆえ重大な社会的意義を持つ。直接的な利益衝突がなければ、文化的差異がどれほど大きくとも、大して重要ではない違和感を引き起こすだけで、直接的な「対立」は生まれないだろう。

ほかに強調しておきたいのは、ふつうこうした対比的性格を持つ族群カテゴリーは自らを「劣勢族群」であると認識している集団によって「優勢族群」が規定されているということである。優勢族群を規定することは、自分たちが一族群であると認識しているということとは限らず、族群意識を有しているとも限らない。たとえば、先ほど提起した「漢人」とは実際、原住民が「汎台湾原住民」的族群意識を顕在化させた際に、対比される「抑圧者」あるいは「マジョリティ族群」のことである。いわゆる「漢人」とは「原住民」というカテゴリーに対応するものである。ここで「漢人」と呼ばれる人は、「漢人」というカテゴリーを、大きな意味を持った、自らと重なるカテゴリーだと考えていないかもしれない。この種のカテゴリーは、自らが劣勢族群であると認識する側の文脈と定義から理解しなければならない。

(三) マイノリティの「族群意識」

族群の第三の特色は「族群」がマイノリティ集団による分類上のイメージであるという点である。この点は族群意識の要素から説明することができる。前節において、族群分類の「対比性」を提起した際、族群の分類とはマイノリティによる集団の分類であると指摘した。マイノリティの「族群意識」を細見すれば、分類意識が内包する三つの異なる理念的要素を見出すことができる。族群意識を構成する要素の一つは「差異の認識」である。族群意識は、常に自集団と他集団が文化や祖先の起源や歴史、経験に「差異」が有ると主張している。族群運動家は、この「差異」を正当化すべく、族群の祖先、起源、現在地への移動の経緯、過去の栄光と英雄…、といった族群の起源を作り上げる。(4) これらの歴史叙述で最も重要なのは、自他の差異とその差異を生む原因を描き出すことである。

族群意識を構成する要素の二つ目は「不平等の認識」である。これは、構成員が「自らの属する集団が何らかの不平等な待遇を受けている」と感じている状態を指している。これも重要な点である。族群運動家は、集団の構成員が文化的(族群的)に、不公平な待遇を受けていると認識することによって、族群意識を構築している。自分たちが受けている苦難、経済的・政治的・社会的差別は、非常に強固で、生得的なものだと考える所に、族群意識は生まれる。これは集団認知と集団帰属形成の過程である。自分と同様の不幸に見舞われている他者が、自分と同じ文化や社会背景を有していると気付いたとき、個人の不幸は族群に帰属し、他の族群が差別していると考えるのだ。これらの「不幸」とは政治権力が剥奪されたり、教育を受ける機会を差別されたり、給与に差がつけられたり、優勢族群によって文化的に抑圧されるなどの、様々な差別を指している。

「不平等の認識」は通常「マイノリティ」が抱くものである。マイノリティは差別が文化的身分に起因すると認識する一方で、マジョリティは自分たちが一つの族群を構成しているとはあまり意識せず、恵まれた環境が族群に起因すると感じてはいない。たとえば、アメリカの黒人は自分たちが受けた差別は、黒人という身分に関係があると考えている。しかし、白人は自らの地位と利益が、白人という身分に関係があるとは考えていない。ふつう、「優勢族群」は、自らの成功や地位は努力や遺伝によるものだと考え、ほとんどがマイノリティを迫害したことで利益を享受しているとは認識しない。

マイノリティが族群による不平等の認知を明らかにし始めるとき、彼らはこれまで優勢族群が不平等な分配を温存し、それによって得られた結果を正当化してきた口実を否定する。一般にマジョリティの考えでは、報酬や地位の格差は、本人の努力不足や才能の問題によるもので、構造的な差別を受けているからではない。彼らは、社会には不平等など存在していないと認識している。劣勢族群による不平等の認知は、マイノリティの立場から出発し、世界を理解する上での新たな見方に基づいたものである。これは、マジョリティの意識とは対照的なものである。

族群意識を構成する要素の三つ目は「集団行動の必要性の認知」である。いったん自己と他者が文化的に異なると意識し、またこれらの差異が差別を生じさせていると考えると、一部の人々は集団行動を行うことで、不平等な状態を変えるべきだと考えはじめる。この「集団行動の必要性の認知」は、ふつう二つの要素を含んでいる。一つは、政治環境が集団行動を認めるかどうか。すなわち、集団行動が成功する確率に対する判断である。もう一つは、どのようにして族群の構成員を奮起させ、どのように集団行動に参与させられるかということである。この二点はそれぞれ異なるレベルの判断を内包しているが、互いに密接な関係にある。族群意識を構成する内容については、図1を参照してもらいたい。

以上が族群意識を構成する三つの要素である。しかし、あらゆる族群意識が必ずしもこの三つの要素を満たすまで発展しているわけではない。自己と他者が文化的、社会的に差異を有していると意識しても、集団間に存在する不平等を感じず、それゆえ、集団行動の必要性を認識しない場合もあれば、差異を感じ、不平等な現象は実際に存在すると知っても、集団行動を通じて現状を変えたいとは思わない者もいる。政治的な制約によって、現状を変革することはできないと認識しているからかもしれない。たとえば、規模が小さく、政治的な影響力が小さな族群の集団行動は、時間とエネルギーの無駄であると考えている場合もあるだろう。そこで、この三つの要素は族群意識が発展する三つの過程であると考えられる。高度に発展した族群意識とは第三の段階、つまり族群による政治行動を行うまでに達している必要がある。それは、族群運動が体を成し、族群意識を構築して宣揚する組織的な基礎になるまで、族群意識が十分に発展しているということである。

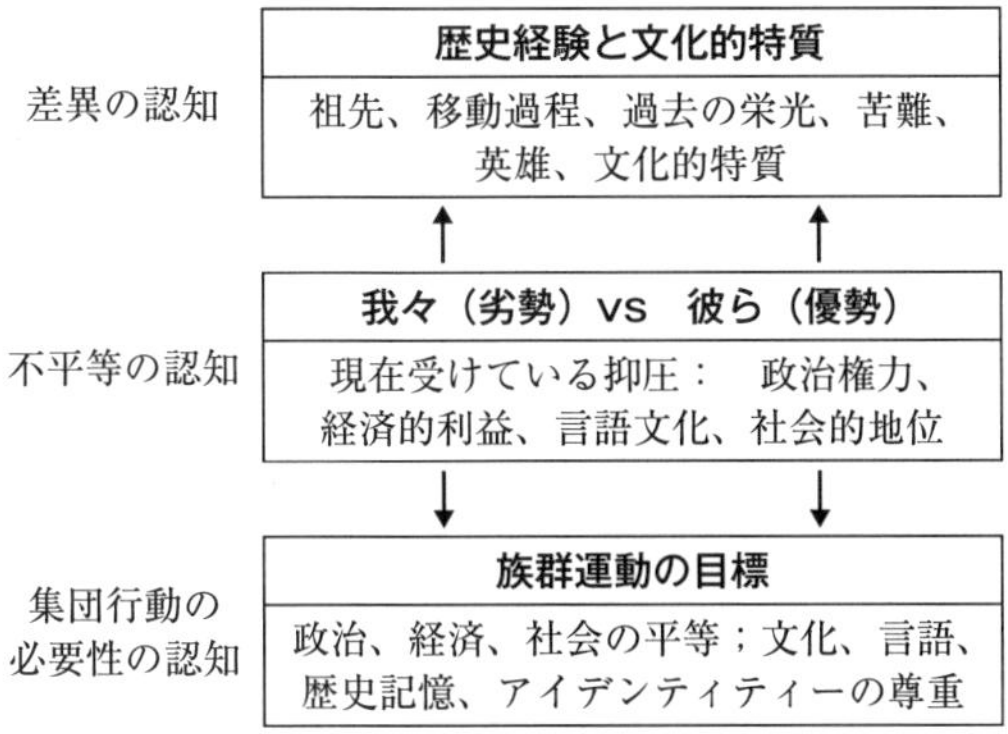

図１　族群意識を構成する内容

(四)「族群」のレベルと規模

集団アイデンティティーとしての族群の特性は、族群のレベルと規模から見ることができる。族群とその他の集団とを比較した場合、およそ「民族（nation）」と「国家（state）」という比較的大きな社会組織、および「家族」と「地域コミュニティ」という小さな社会的単位の間に位置づけられる集団であるといえる。つまり、「族群」は「家族」や「地域コミュニティ」よりも大きいながら、民族の規模には至っていない集団である。そのため、一般に、族群は「国家」あるいは「民族」のもとで、異なる文化を有する社会集団であると見なされている。

しかし、この社会集団は「家族」より大きいにもかかわらず、家族や拡大された家族のような集団として分類される。族群のイメージにおいては、構成員は祖先が同じ移動経験を持ち、現在地に移転した後も共通の境遇に置かれていると認識される。これら共通の経験と境遇は、集団としてのアイデンティティーを作り出している。しばしば「族群」とは、集団の構成員が集団行動を通じて、自身の不利な地位を向上させるべく、歴史を語り直し、そこから新しいアイデンティティーを構築する上で生みだされた集団の分類法である。族群運動家が自らの族群の潜在的規模を数百人、数千人と小さく捉え過ぎてしまえば、この「族群」は現代社会の民主制では、ほとんど政治的な影響力を発揮することはなく、目標を達成することもできないだろう。政治行動の上で、族群の規模は、家族や地域社会よりも大きくなければならなかった。現在の台湾社会で認められているいくつかの主要な族群の人口と規模はいずれも非常に大きいものである。最も小さい「原住民」でさえ、四十万人弱であり、最も大きい「閩南人」の人口は少なくとも一千万人以上である。

族群の規模が大きいため、族群の全員が知り合いというわけではない。換言すれば、自己が属する「族群集団」には、面識も接触する機会もない人々が大勢いる。しかし、族群意識を持つことで、見ず知らずの他人とも家族のような、あるいは文化的な基盤を共有しているかのような感覚を抱くのである。こうした親近感の形成と維持は大きな力を有し、これは「想像（imagination）」による部分が大きい。族群意識が強ければ、同じ族群だと知っただけで初対面でも親しみを感じ、異なる族群の相手とは接し方を変えるだろう。個人の族群意識あるいは族群アイデンティティーが強まる際、あるいは社会での族群間の衝突が激しくなる際、この現象はより明白となる。社会のなかで学びとった「族群の想像」によって我々は同じ族群の人に対して特別な親近感をおぼえ、異なる族群に属する人には心のなかに壁を設け、態度を留保するようになる。

（五）集団分類の想像としての「族群」——他の族群も人間として、平等や自己の独自性の尊重を求める

もし上述の観点から見た場合、族群はある種の集団分類の想像として捉えられる。我々は社会の様々な人々のなかで、我々と誰かがどのような関係性を有しているかを想像する。つまり、「族群の想像」はその一つの方法でしかないということを指している。我々は、社会や国家に大きな集団が有ると想像し、共通の起源を有することで、同じ族群に属していると分類する。この想像で最も特別なのは、「自己の属する族群」と「他の族群」とが分類可能であるにも関わらず、自己の属する族群の成員とその他の族群の成員とがいずれも「ヒト」であるという点である。換言すれば、族群の分類は我々に異なる族群が単に異なる文化を有し、族群間に何の優劣もなく、どの族群にも特別な優位性を認めないものであると認識させているのである。それはつまり、互いの間に単に差異があるだけで、互いの文化的差異や特性への尊重ができるように望むということである。ひいては、人口が少なく、文化が消滅する危機のある集団に対しては、彼らを助け、文化を保護しなければならないとされている。

第二節　「族群アイデンティティー」と「族群の想像」の現代性

（一）「族群」という集団分類の想像は近代的な発明である

「族群」という、集団分類の方法と想像は新しい概念である。歴史的な面から見れば、この概念が近代社会に登場して、まだ二百年もたっていない。それならば、族群誕生以前の人々はどのようにして「他者」を想像していた

のだろうか。二、三百年ほど前、人々は自己の外見的特徴や容貌、文化、風俗習慣や言語が異なる人（すなわち「よそ者」）と対面した際、基本的にはその人々を「ヒト」とは見なさなかった。かつて中国人は「我が族の類にあらざるは、その心必ず異なり」と説き、これらの人を自分たちとは異なる「辺境（「中原の地」に対して）」の住民とし、彼らは「蛮夷の邦」で未開の地の人であると説いた。中華王朝は通常、各種の動物の名称を用いて、近隣地域を描いた。たとえば、「東夷」「西狄」「南蛮」「北羌」という犬や羊、虫という部首を用いることで、彼らが自らとは明らかに異なる隣人であることを示した。過去の中国人は、これらのよそ者は中国文化の教化を受ける以外には、根本からヒトになることはできないと考えた。しかし、過去の歴史においてこのような方法で「よそ者」を扱ってきたのは中国人だけであろうか。

世界各地の原住民、あるいはかつての「野蛮人」も、実際には似たような方法で「他者」を捉えていた。原住民を研究する人類学者は、現在の原住民の命名について、たとえば台湾のアミ族やタイヤル族などの九族の名称（たとえばAmis、漢字では「阿美族」と訳す）が、彼らの言葉で「ヒト」を指すことを発見した。これは、彼らが人類学者と最初に接触した状況に関係がある。人類学者はまず台湾の原住民部落に着き、互いに紹介をし合った際、自分を指差しながら原住民に対し「私は鳥居龍蔵（日本の人類学者）です」と話し、続けて原住民を指差して「あなたは誰ですか?」と尋ねた。原住民は「私はAmisです」と回答した。そこでその音が「阿美族」として訳され、全部落、またはアミ語を使用するすべての人びとをこのように呼ぶようになった。しかし、アミ族の言語のなかでAmisは「ヒト」を意味している。つまり、アミ族はヒトであるが、あなたがた「他者」はヒトではないという認識があったということである。現在、世界各地にいる多くの原住民が、初めて彼らが誰であるのかと尋ねる「他者」（通常は人類学者）に出会った際、「ヒト」という呼称を用いて自分を名乗っていた。ここから、我々は、三、四百年前の社会では普遍的に「他者」に対して自分たちとは異なるものであるとの見方をしていたということが分かる。当時、ただ自己と同様の外見的特徴を有し、同様の文化を用い、習俗、言語を有していて初めて、同類（「ヒト」）としてみなされ、その他は「ヒト」の枠外として線引きされていた。つまり、「他者」は動物ではなくとも、少なくとも比較的劣等な二級種族であるとされていたのである。

ヨーロッパの帝国主義と植民地主義がちょうど海外へと拡大し始め、アジア、アフリカ、オセアニアの各地の原住民達と出会った時、常に「レイシズム」というイデオロギーから原住民を取り扱った。「レイシズム」は簡単に言えば、人類は外見的、生物的相違によって、異なる社会文化を生み、異なる文化間には実際に上下と優劣の区分があると認識されるものである。レイシズムではいくつかの種族がその他の種族よりも優秀であると認識される。この言説は、ヨーロッパ以外の非白人が比較的劣等な遺伝子を持つ、文化の遅れた種族であるために、「白人（植民者）の負担」になると揚言している。

同類ではない「他者」を自分たちと平等な人間として認めない過去には、「人類はすべて平等であり、単に文化または外見的に違いがあるだけで、そこには上下優劣の差はない」という今日的な考え方は、非常に先進的かつ革命的な考え方であった。現在、当然であると考えられている「族群の想像」は、人類社会のなかでとても大きな進歩なのである。現代の人々の考えでは、面識がないにもかかわらず、社会には自己と共通の起源や文化を有しているために同一の族群に属する人々が存在し、逆に祖先の起源と文化の違いにより、異なる族群に属する人も存在している。二、三百年前（現代人に「族群の先人」者と認識されている人々に）は、このように、自己と他者との関係を想像することはなかった。過去には、想像する社会関係は隣人、コミュニティ、家庭、親族、家族、氏族、領主、君主、ひいては「民族」を含むものだが、「族群」は含まなかった。それゆえ、すべての人が族群的身分をもっており、自分の族群と他の族群とに違いがあるも、平等であるべきという現代人が当然だとする認識は実際、かなり近年になってからの現象である。

具体的に説明すると、近代の人類史上、「他者」を捉えるいくつかのアプローチが生み出された。[5] 一つ目は「レイシズム」的アプローチであり、これは植民地主義、帝国主義の発展と、それらが生み出した植民地統治の需要に関係がある。彼らは人種を、生物上の違いとして優劣をつけ、そこから自らの行う原住民統治を正当化した。

二つ目の集団分類の方法は約三百年前に現れた、「ナショナリズム」的な分類方法である。ナショナリズムが現れたとき、人々は、世界中で数多くの異なる人々（民族）と共存していると意識した。ナショナリズム的な集団分類の方法は当初、統治されたマイノリティが、植民者と帝国主義者に反抗するために構築されたもので、その後ゆるやかに発展し、ある種の自己アイデンティティーを形成するものとなった。この思想が強調したいのは、世界中には様々な民族がおり、民族的な自己実現を達成するために、それぞれ自らの国家、または政治システムをもつべきだということである。それによってはじめて、世界平和を維持することができるのである。[6]

三つ目の集団分類の方法は、本書のテーマである「族群」的な分類方法である。族群の分類方法は、社会の劣勢族群が、優勢族群による抑圧に反抗するために生み出した新しい集団分類の方法である。

ここからわかるように、生きる時代によって、集団の分類に関する見解は非常に異なっている。そして、「族群の想像」は非常に近代的な現象なのである。

（二）具体的な族群カテゴリーの異なる時間軸上における変異性

ここまではマクロな視点から、人を区分する「族群の想像」が比較的新しく、近代の産物であることを考察してきた。また、ミクロな視点から社会に重要視される族群カテゴリーについて着目すれば、その区分が常に変化していることが分かるだろう。そして、その区分は急激なスピードで変化している。たとえば、台湾に住む人々にとってごく身近な存在である「四大族群」も、張茂桂によれば公の場で使われ始めてから、〔原著刊行時点で〕十年程度しかたっていない。[7] この区分を最初に主張したのは、一九九三年頃の葉菊蘭（当時民進党所属の国会議員）である。その一方で、一九九三年以前に台湾社会で重視された族群カテゴリーを覚えている人はほとんどいないだろう。留意したいのは、私たちはこの「四大族群」が生み出した族群カテゴリーが、とても長い期間存在していたかのように身体に馴染んでいることである。

写真２　『漢声』雑誌第 19 期、21 期の表紙

しかし、これは本当だろうか。たとえば「閩南人」はどうだろうか。今日、人々が台湾の「閩南人」について言及する際、閩南人の文化とアイデンティティーは、少なくとも四百年の長い歴史を有していると考えている。これは、林再復の著書『閩南人』（一九八六）にも見られる一般的な見方である。しかし、筆者の研究によれば「閩南人」という言葉は、一般的に使用されるようになってから（原著刊行時点で）三十年足らずである。清朝時代には、人々は自らを「閩南人」とは認識せず、「漳州人」というカテゴリーをより重視していたようだ。なぜなら「漳州」、もしくは「泉州」の区分こそが、彼らにとって重要な意味を有していたためである。この清朝統治期の「閩南と客家」もしくは「漳州と泉州」間での「分類械闘」（清代の台湾での、異なる出身地域の移民間で土地や水利権をめぐる武力衝突）による衝突経験が、「原籍」（先祖の出身地）による区分を強く意味づけたのである。しかし、この区分は、今日の「族群の想像」と同一視することはできない。分類械闘の際には、「遠くの親戚より近くの他人」と言われるように、近所の住人と共闘することで仲間意識が芽生えたのである。分類械闘の争点は、土地配分や水利をめぐる現実的な問題と

経済的利益であって、現在の「族群衝突」に見られる言語、もしくは文化をめぐる衝突ではなかった。また、たとえ同郷であっても、現実的な利益が原因で、対立する可能性も高かった。

現在「閩南人」と称される以前に「閩南人」は、客家人(Hakka)との関係のなかでのみ「Holo」(福佬)と自称、あるいは呼称されていた。しかし「Holo」も「Hakka」と対比すると、あいまいな呼称であり、台湾全土の「福佬人」(「閩南人」は言うに及ばない)と自分を関連づけるような全体への想像を含んでいなかった。

日本統治時代には、分類械闘が厳禁された上、初期の日本による鎮圧作戦は、閩南と客家、漳州と泉州の区別なく行われ、(日本という)外敵を共有することで、内部衝突と対立は一時的に消滅した。しかし、閩南と客家の間にみられる文化的、地理的差異は存在し続けた。総督府が臨時台湾戸口調査を実施し、台湾の人々の原籍分布の分類と統計調査を行った際には、当然ながら閩南と客家間に存在する言語、文化的な差異に着目し、漢人の原籍を「福建」と「広東」で区分した(表1参照)。前者は変遷と誤解を経て、現在も共有されている「閩南人」に変化を遂げ、後者も同様に「客家人」となった。しかし、こうした区分は、福建省北部汀江流域の福建人の大半が実は客家人(人数の比率から見れば少ないのだが)であるという事実を見落としている。さらに、当時「原籍が福建」、「原籍が広東」という区別は、国家による統計上のカテゴリーにすぎず、生活における身分やアイデンティティーとは必ずしも一致しなかった。すなわち、当時の人々の間では、植民統治を行う「日本人」「内地人」に対抗する政治的アイデンティティーとして「本島人」ないし「漢人」が生み出され、生活や文化においては閩南と客家、漳州と泉州、福佬と客家内部の福建、広東省内の各州府間の区分が大きな社会的な意義を有していたと考えられる。

戦後初期の台湾では、現在のいわゆる「閩南人」(もしくは当時のいわゆる「台湾人」)の間には、北部人、南部人、高雄人、宜蘭人といった人々の間で大きな差別が存在していた。ほとんどは「閩南人」という概念を有しておらず、まして閩南人としての「意識」とアイデンティティーを持ちあわせてはいなかった。「閩南人」という言葉が出現した時期を特定するならば、おそらく一九六〇年から一九七〇年代くらいと言えるだろう。先に「閩南語」という呼称があったため、後になって「閩南人」という言い方がされるようになったのである。

ではなぜ、「閩南」と呼ぶのだろうか。台湾の「本省閩南人」の祖先は、大部分が福建南部の各州府から移住してきた人たちであり、表1で示されている福建各州府は、確かに福建の南部区域に位置している。こうした点から見れば、「閩南人」という呼称は、正確な表現のように思える。

しかし福建南部から移出した人たちが、現在それぞれの異なる国家（台湾及び南洋各国）でどのように自らを呼称しているかを比較すれば、「閩南人」という言葉は、戦後台湾でのみ使用されていることが明らかとなる。たとえばシンガポールやマレーシアは、清朝時代の福建省南部からの移民が多く、彼らはいわゆる「閩南語」を使用している。しかし、彼らはこの言葉を「福建語」と呼んでいる。その地域の華人移民が全て福建省南部からの移民であり、福建省のその他地区からの移民がおらず、彼らや現地の住人は、使用している言語を「福建語」と呼び、自らを「福建人」と名乗ることに何の問題もなかったのである。

しかし、一九四九年に国民政府が台湾に移転して以降、多くの「外省人」が福建省の様々な地域

表1　日本統治期の台湾漢人の祖籍と人口

出身	別		人口（単位：百人）	全人口における比率
福建省	泉州府	安渓	4,416	11.8%
		同安	5,531	14.7%
		三邑（安南・恵安・晋江）	6,867	18.3%
	漳州府		13,195	35.2%
	汀州府		425	1.1%
	龍厳州		160	0.4%
	福州府		272	0.7%
	永春州		205	0.5%
小計			31,164	83.1%
広東省	潮州府		1,348	3.6%
	嘉応州		2,969	7.9%
	恵州府		1,546	4.1%
小計			5,863	15.6%
その他			489	1.3%
総計			37,516	100%

資料：台湾総督府官報調査課『台湾在籍漢民族郷貫別調査』、昭和3年（1928年）刊行、表1、pp4-5

から台湾に移住してきた。そのなかで、福建省北部には「客家語」を話す客家人や、東部には「泉州語」「潮州語」を使用する人も多く、これらの言葉と現在の「閩南語」の間には大きな隔たりがあった。こうしたなかで、外省人移民の最大勢力は福建省出身者であり、彼らは福建省に多くの方言が存在し、「台湾語」は福建省南部の方言により近いものであることを知っていた。また、台湾に移入した福建省出身者には、中央政府の役人が非常に多く、国の政策決定にも大きな影響力を有していた。こうした関係から、彼らはこの言葉を「閩南語」と呼称したのかもしれない。そして、一九八〇年代に「族群の想像」が現れるようになってはじめて、「閩南語」を使用する「族群」を「閩南人」と呼ぶようになった。実際のところ、台湾社会において「族群」の概念が登場する以前、人類学者は閩南人と客家人を「方言群」と呼んでいた。(8)「閩南語」という言葉は、国民政府が本省人の言語を「台湾語」と認めたくないため、「方言」という見下した区分を行うことで生み出した代用語と言える。閩南人とは、このような上からの抑圧によって、人々に押しつけられた一つの集団カテゴリーなのである。

それゆえ、いわゆる「閩南人」とは、ここ最近生み出されたものであり、人々が考えるほど長い歴史があるわけではない。「原住民」も同様である。「原住民」も使われはじめてから三十年も経っていないが、原住民運動家は常々「原住民は数百年もの間、抑圧されてきた…」と表現する。多くの族群カテゴリーは、今日的な分類であり、それ自身も常に分化と統合のプロセスを経ているのである。

（三）族群意識は族群運動が生み出した結果である

「族群の想像」に見られる近代性を捉えるにはいくつかの視角がある。一つには、「族群」という集団分類の方法が持つ歴史は二百年たらずであるという比較的長いスパンから考えるというものである。ほかに、いずれの社会でも族群の分類方法はつねに変化しているという短いスパンから考えるものもある。また、これら以外にも、「族群意識」は現代の族群運動が生み出した結果だ、という観点もある。

族群意識の出現については、「生得論」もしくは「状況論」(situationalism)という二つの解釈がある。「生得」論者は、族群が族群意識を有している要因は、構成員が独特の文化、風習、言語を有しているからであり、文化を共有する構成員が自らを特定の族群に帰属させ、他の族群とは別であると自然に意識するようになることであると考えている。その一方「状況」論者は、族群意識は族群のメンバーが新しい社会環境に適応する必要性から発生するものだと考えている。移民が新しい環境のなかで、政治的、経済的に優位に立つべく、以前に存在していたか、以前にはなかった「族群アイデンティティー」を利用する、あるいは強化することを指している。この二つの考え方は、族群同士が接触し、「文化的同化」が生じた際に、族群と族群意識が存在し続けるか否かという点について、相当に異なる見解を抱いている。まず、生得論は族群の文化的特質が本質的なものだと強調し、それが失われてしまえば、族群も消えてしまうと考えている。これに対し、状況論では、族群が異なる族群と接触することで族群間が近似し、各々の文化的特質が失われたとしても、メンバーは依然として強烈な族群アイデンティティーと族群意識を有している可能性が高いとする。

族群同士が接触する機会の多い現代社会では、族群文化の独自性を維持することは難しく、「状況論」の見方は族群アイデンティティーと族群意識の維持を解釈する上で妥当なもののように思える。しかし、状況論の解釈では、現代社会で新たに族群意識が甦る際には、過去の族群集団がその前提となる。社会において新たな需要が生じた際に、古い族群アイデンティティーが呼びおこされるのだ。詳細に検討すれば、現代社会で動員された族群アイデンティティーは、古いアイデンティティーに依拠しつつも、族群の範囲や境界、文化、社会習慣、そして敵に関わる言説は、現代に応じて改変され、過去のものとはかなり異なっている。これは、族群アイデンティティーが社会を構築していくための新たな産物であることを意味している。そして「族群アイデンティティー」と「族群意識」の構築は、族群運動という観点から理解することができるのである。

たとえば、中央研究院民族学研究所の林美容が進めている調査研究がある。彼女は台湾中部で、年配者が「漳州と泉州」間の文化的な区分（二者はともに現在「閩南人」に属する）を比較的重視するのに対して、「閩南と客家」の差異があまり強調されないということを発見した。この研究を見れば、族群間の文化的差異は、その社会の歴史と文脈をたどらなければ理解できないと分かる。(9) 林美容はフィールドワークにおいて、古老の言い伝えのなかで漳州人と泉州人の間に、文化的な差異が多数存在することを発見した。たとえば、方言（泉州人の福佬語の話し方は漳州人には「沿海方言」と感じられる）、使用する香炉（漳州人は三つの環耳をもつ香炉を使うのに対し、泉州人は四つのものを使う）、祖先祭祀や墓参の日（漳州人は清明節〔春先に行われる先祖供養〕に行うが、泉州人は「三日節」つまり旧暦の三日に行う）、道士〔道教の修行につとめ、道教の儀礼を執り行う専門家〕の帽子などなど。そのほかにも存在する多くの文化的差異については、林美容の文章を参照していただきたい。男性の目線から気付いたこれらの差異（位牌の位置や香炉、もしくはいつ祖先祭祀を行うのかといった違い）以外にも、女性の目線から気付いた差異も含んでいる。たとえば、泉州人の間では、「漳州人は古くなった食べ物や残飯を蒸してから食べる習慣がある」と言い伝えられている。こうした言い伝えのなかに、互いに存在している文化的差異を垣間見ることができる。この他にも、敵意を含んだことわざや言い伝えはたくさん存在している。

一般的に、こうした文化上の違いが「漳州と泉州」の緊張関係を引き起こしたと考えられている。しかし、林美容はこうした見解に異議を唱えている。台湾中部には同程度の人口規模を持つ漳州人と泉州人の集団が居住している（一九二六年日本政府の統計によれば泉州人はおよそ四〇パーセント、漳州人は四二パーセントであった）。開拓初期の競争において、些細な事を発端にして常に衝突が起きている。清朝期には合計四度、漳州人と泉州人の械闘〔漳泉械闘〕が発生している。これらは、乾隆四七年（一七八二年、彰化莿桐郷）、嘉慶一一年（一八〇六年、鹿港・沙鹿・北斗）、嘉慶一四年（一八〇九年、彰化）、道光二四年（一八四四年、豊原）に発生している。そのなかで、乾隆四七年の争いは最も惨烈で、波及した範囲は最も広く、破壊された双方の村は一九二庄を超える。[10] このほかにも、乾隆五一年（一七八六年）の林爽文事件と、乾隆六〇年（一七九五年）の陳周全事件では、一つの巨大な勢力が生み出されることを懸念した清朝政府が、漳州と泉州の双方を焚きつけて均衡を取ろうとしたために争いが一層激化した。[11] これらの争いは往々にして「清界」を引き起こした。すなわち、それぞれの勢力圏内の、異なる原籍を持つ村が焼き尽くされたのである。これによって、漳州と泉州の地理的な勢力分布は一層明確なものとなった。これらの漳州と泉州の争いは、現在でも年配者に伝承されており、人々の生命と生活に与えた影響の大きさを見て取ることができる。こうした争いのなかで緊張関係が生じ、自他の区別が必要となり、今日でも見られる漳州と泉州間の「文化分立」が形成されている。こうした背景から、台湾中部では差異がより大きい閩南と客家の差異はあまり強調されず、逆に言語面では同一のルーツを持ち、文化的差異が小さい「漳州と泉州」は「故意に相反することを唱える」という方法で、たくみに違いが強調されたのだと林美容は指摘した。漳州と泉州の文化的差異は、外部の人間や現代の我々からすれば、さして重要ではないかもしれない。しかし、その小さな差異が強調されたということは、漳州と泉州の関係が緊迫しており、自他の境界線を明確にすることが、社会的に強く求められていたということである。

この例は私たちに次のような示唆を与えてくれる。つまり、社会的な文脈のなかで、文化的な差異と集団の分類が生み出されるということである。競争や衝突のような、自己と他者を区分する必要が生じた際に、集団を明らかに区分する文化的差異は利用されやすい。その一方で、明確な文化的差異がなくとも、小さな差異を強調することで、大きな差異と同様に集団を区分することができる。このように、重要な社会的意義を有する集団分類を産み出したのは、差異そのものというよりも、競争と衝突であった。

しかし、重要な集団分類が必ずしも衝突に由来するわけではない。ふつう、集団分類が「意味」を持つのは、衝突と競争がある社会において「差異」が構築されているためだ。それぞれの差異に対する認識は集合的に作り上げられた文化的なものであり、個人単位で作り出すものではない。集団間に存在する多くの差異のうち、どれがより重要で、意義があるかは個人が決めるわけではない。それは、他人との協働や理解を通じて次第に作り出され、一つの知識体系として産み出される。当初、こうした差異に対して個人はめいめいで異なる認識を有している。しかし、このような個人の認識は、作り出された「集団としての認知」に触れることで次第にまとまった「敵と私の文化的差異」といった体系的な言説に組み換えられていく。社会運動が存在しない過去の伝統社会では、集団間の「差異」に基づいた「集団の認知」は、長老や地域の権威者が主導して作り上げられるものである。結果として、人々はこうした認知をただ受け止めるだけであり、余計な意見を述べることはあまりなかった。伝統社会の権威が徐々に瓦解するにつれ、現代社会の政治システム（特に国家という単位の効果）とメディアの影響力が次第に拡大し、族群社会運動を通じて、集団間の差異に対する新たな認識が作り上げられていったのである。

このように、集団間にある多くの差異のうち、人々がどのようにして差異を強調するかは、その時代の「必要性」に関係している。族群運動はまさにこの必要性が生じたときに現れる。先述したように、族群意識、つまり差異の認知、不平等の認知、集団行動の必要性への認知などは、実は族群運動による「コンセンサスの動員（共識動員）」の結果である。集団を区分する必要性が高まった際、運動家は小さな差異も絶えず強調し、区分の必要性が低下すれば、重大な差異も気にしなくなる。他の集団を味方にするならば、集団間の差異は曖昧にし、互いの共通点を強調することになるだろう。族群の分類は、目標と必要性に応じて常に変化していくのである。

族群意識の構築は族群運動の結果であり、多くの族群分類は現代で生じた分類である。多くの族群運動家は「我々の族群は、祖先が、数百、数千年前から移住を始め、今日我々が居住する地域までたどり着いたことで形成され始めた。新たな土地での生活のなかで、文化が生まれ、この文化を我々は継承しているのである」と主張している。この主張で暗示したいのは、過去の歴史経験と文化が現在の族群を作り出している、ということであろう。しかし、実際はそうではなく、順序は逆である可能性もある。歴史を遡り、そこで見つけた「文化」を強調するのは、集団を区分するという今日的な必要性のためである。そして、これらの集団を区分する方法こそが、集団間の差異を顕わにする重要な条件である。

このように、特性から見てみると、族群は非常に近代的な概念であると分かる。たとえ歴史的な観点から、あるいは社会的差異という側面から見たとしても、族群分類の概念は近代の産物といえるだろう。

(四) 現代の族群意識は現代国家と公民意識の影響を受けている

「族群の想像」が近代的なものであるということは、我々が現在持っている「族群の概念」のなかに、近代国家と国民概念の影響があることからも見て取れる。確かに、過去の文化や族群の起源は、依然として族群の境界を定める際には有効である。しかし、族群運動における権利の要求とその実践には国家主権と公民権が深く関わっているのである。つまり、憲法に規定されている参政権、教育権、生活権、居住権、移動権に加えて、国家に対して文化と歴史の保障を求めているのである。前者が「個人」の公民権にかかわる要求であり、後者は「集団」に対する権利の保障であり、その文化の保持を求めているのである。

第二次世界大戦以降から一九七〇年代まで、多くの国家が「国語」と国家文化の推進という目標を掲げながら強硬な同化政策を採り、マイノリティの言語文化を奪ってきた。だが多くのマイノリティが、公平な発展を国家に認めてもらうべく、同化政策に同意せざるを得なかった。しかし、第二次大戦以降、アジア・アフリカ地域の旧植民地の独立にともない、世界規模の移民が発生した。すなわち、大戦以前は欧州・北米・南米間での移動が主であったが、それはアジア、アフリカから欧米、オセアニア地域へとその流れも多様化し、世界各国の「族群」構成の多元化が急速に進んだのである。また、国家の同化政策も、多くの場合、最初に公約していた「族群間での平等」という理想が実現できないことが分かってきた。こうした状況の下、一九七〇年代以降の世界各地で「族群意識の復活」が見られ、マイノリティが一転して国家に対して平等な政治的、経済的権利および言語、文化の保障を要求するようになったのである。

現代国家が武力を独占することで、国家は合法的に武力を使用できる唯一の組織となり、人々の関係も法律を通じて規範化され、政治制度を通じて調整されるようになった。このことで、現代の族群間の競争や衝突の形態は、過去に見られたような、武力で解決する時代とは大きく異なるものとなっていた。現代の族群間の競争と衝突は、民主制度に見合った方法（議会との協議、選挙、抗議行動、請願を含む）で和解、調停されていくことになる。たとえ、特定の族群から圧力や差別を受けたと感じたとしても、過去と同じように武力で直裁に訴え、暴力で目的を達成することは難しくなったのである。現代の政治、法治体制のもとで認められる抗議は、平和的手段で族群に対する不利な状況を改善するよう国家に訴え、国家の介入を求めるものなのである。

族群の現代的特徴として、過去と異なっているのは、族群間の競争と衝突に、国家に対して個人と集団の権利の保護を求めるという点がある。たとえば、清朝の台湾社会における分類械闘は、大半が経済的利益を目標にしたものであり、言語や文化、歴史記憶といった集団的な権利を要求するまでには至っていない。原籍が「分類」の基準になる時もあったが、この状況は、原籍が衝突の利益と偶然にも重なっていたためである。原籍と文化的差異は利益衝突の双方が集団内部で共通する特質にすぎず、それ自体は衝突が発生する原因とはなりにくいのである。さらに重要なのは、衝突を解決する方法は集団での武力行使であるがゆえ、近隣地域における味方の存在、その人数と互いの団結力が生き延びる上での死活問題になったのである。いわゆる「遠くの親戚より近くの他人」や、「遠水近火を救わず」ということわざは、こうした衝突のなかで他人と緊密な関係を築く重要性をうまく反映している。

自分と緊密な血縁関係、もしくは共通の言語文化を有しているが遠く離れている集団を「想像」することは現実的ではない。身近で即応性があり、平時は助け合い、緊急時には支援してくれる集団こそ、感情を移入し、時間を費やすことに値する。交通が不便で、地形によって支障をきたしていた過去において、頼れる集団は必然的に近隣住民になるのである。

この社会的状況の下、実際に顔を合わせた接触や交流は、人間関係の維持にとって非常に重要であった。いわゆる祖籍、共通の文化を有しているという「同類感」は、日常生活の実質的な交流と祭典のなかで生み出されるにすぎなかった。こうした状況では、本書のいう「族群の想像」はそもそも存在しないのである。

この集団間の関係は、地理分布にも影響を与えている。衝突が起きた後「同類で集住する」ことが居住地を選ぶうえで重要な原則となっていた。しかし、ここで言う「同類」というのは、種類は多く、同じ原籍であるということは要素の一つに過ぎず、実質的な共同利益がより重要なのである。衝突時の被害を避けるため、多くの人は同類が暮らす場所を居住地として選ぶ傾向にある。清朝統治下の台湾では、康熙六〇年（一七二一年）の朱一貴事件が南部での大規模な「閩粵械闘」を引き起こした後、一八九五年に台湾が日本に割譲されるまでの百七十余年のあいだ、少なくとも六十回以上の大規模な争いが行われている。[12] いわゆる「五年一大乱、三年一小乱」というのもあながち間違いではなかった。一八六〇年頃になると、「同類の集住」という地理分布は次第に明確化し、いわゆる「客庄」「泉庄」、および「漳庄」が集中した地域が出現するようになる。そのなかでも客庄は、主に北部の桃園、新竹、苗栗附近と南部の高雄屏東一帯に分布していた。漳泉の分布は、台湾全体からいえば、泉州人は台北盆地、西部平原沿海区域に分布し、漳州人は宜蘭、台北盆地近辺、および海岸と丘陵地の間の台湾西部平原に分布していた。[13] この広範囲におよぶ地理分布は、基本的に当時の集団間の関係が異なる集団の混在よりも、同類の人々による集住形態を産み出しやすかったことを反映している。当時は法の保護が無く、自身の利益と安全を武力によって守らなければならなかった。したがって、背景が異なる人々の混住は、衝突が発生した際に重大な危険をもたらすものとなったのである。

これに対して、近代では、法治概念が確立され、国家の権能が拡張していき、国家は個人の安全および居住と移動の自由を保障する義務を有するようになった。これによって、異なる族群の混住はもはや問題にはならなくなった。しかし、これは個人の権利に限った話である。すでに述べたように、個人の公民権以外にも、族群は往々にして集団の文化とアイデンティティーの権利を保障するよう国家に要求する。現代政治システムにおける族群運動家の新たな課題とは次の通りである。族群の構成員、他の族群、そして国家に対し、自らの族群が特殊で保存価値のある集団であると認めさせることであり、これによって、国家が族群の文化的権利を保障する法律を設置することが望ましいと納得させることである。多くの文化的差異のうち、どの集団や文化に保存価値があるのかということが決定される際に、その族群運動の努力、成功が重要な決め手になっているのである。

こうしたなかで、族群運動家は政府や他者から族群の特殊性とその保存価値を認めてもらうために、自らの族群が由緒ある起源をもち、言語文化が豊かで、特異性があると強調する。また、この説得力を強化するために、彼らは、族群の規模を拡大し、地域や家族を越えた族群カテゴリーを生み出すのである。そうしていく内に、小さな文化的差異しか見い出せない集団を対象にして、その起源と文化の共通性を強調し、集団の規模を拡大する傾向がある。そこで強調される歴史的起源と文化の共通性には根拠がないわけではないが、往々にして曖昧で、整合性を持たなかった。過去の歴史と文化には、他の、あるいはより細かなアイデンティティーの構築に利用できる差異が数多くあった。しかし、今日におけるアイデンティティーの構築は、新たな「他者」から自らを差別化する必要性から産み出されることが多い。こうした作業において、現在の目的と必要性に応じて、歴史的記憶と文化的内容を新たに調節し改変しなければならない。それゆえ、族群アイデンティティーの範囲と内容は、族群運動家がつねに再定義して産み出した結果なのである。

第三節　「族群アイデンティティー」の機能

(一) なぜ「現在」の人は「過去」を必要とするのか？

族群アイデンティティーと族群概念において、よく強調されるテーマは定義と特性に加えて、族群アイデンティティーの機能に関するものである。人々は、現代社会において族群アイデンティティーがどのような効果を有しているかに興味を持っている。業績主義的で、出自が重視されない現代社会のなか、なぜ人々はいまだに「過去」のアイデンティティーを必要とするのだろうか。現代における族群意識の高揚は、客家人、閩南人そして原住民に関する著作が多数公刊されていることからも見てとれる。以下、族群にかかわる代表的な著作の目次から、これらの研究が通常、どういったテーマを取り扱っているのかを検討する。

目次から分かるのは、こうした族群研究は、特定の族群の歴史的起源、移動経験、言語、ことわざ、風俗習慣、祖先祭祀の方法、家族形態、祭日について、さらには族群の建築や服飾などの特徴を検討するものが多い。こうした歴史記憶と文化的特質は、族群の特徴であり、本質であると考えられている。もしも「族群の想像」が本書の指摘するような近代的発明であれば、なぜ過去の歴史が重要になるのだろうか。なぜ、現在の族群の基礎を合理化するために過去に立ち戻って、振り返らなければならないのだろうか。この問題に答えるには、族群アイデンティティーの機能を考察する必要がある。

族群アイデンティティーの重要な一つ目の機能は、人々に、伝統と未来を持った集団への帰属意識を抱かせるこ

表２　族群研究書籍の典型的な内容例

林再復『閩南人』（台北：三民書局、1984 年初版）	
第一章	序論
第二章	河洛—閩南人のルーツ
第三章	閩南—台湾人のルーツ
第四章	台湾の地理、環境と歴史
第五章	閩南人の台湾開拓
第六章	閩南人と台湾商業の発展
第七章	閩南人と清代台湾民間の分類械闘
第八章	閩南人と科挙の学風
第九章	閩南人の宗教信仰と習俗
第十章	閩南人の物質生活
第十一章	閩南人の精神生活
第十二章	東南アジアの閩南人
第十三章	閩南語
第十四章	結論

陳運棟『客家人』（台北：聯亜出版社、1978 年初版）		
第一章　緒論		
	第一節	客家研究の歴史背景と成果
	第二節	客家民系と名称の起源
	第三節	優良な民系は全世界から尊敬されている
第二章　客家の発展とその分布		
	第一節	客家源流及びその移動
	第二節	客家の分布及びその地理的環境
	第三節	客家の東部への移動及びその分布
第三章　客家語の特徴		
	第一節	客家語の言語的特徴
	第二節	客家語の音の起源
	第三節	客家語の常用語彙
	第四節	客家のことわざ
	第五節	客家の山歌
第四章　客家文化の検討		
	第一節	総説
	第二節	物質文化
	第三節	社会文化
	第四節	精神文化
第五章　結論		

とにある。では、なぜ人は集団に帰属する必要があるのだろうか。この問題を考える上で、フランスの社会学者エミール・デュルケーム（Emile Durkheim、一八五八－一九一七）の指摘が参考になる。彼は、すべての社会が大きな難題に直面していると考えている。その難題とは、人が有限の命のなかで、どのように有意義な生活を送るか、というものである。人は必ず死ぬ。そして七、八十年という限られた命のなかで、精一杯築き上げてきたものも死と共に脆くも崩れ去ってしまう。それを知りつつ、なぜ人は生き続けられるのだろうか。欲望のためだけに人が生きるのならば、人々は自殺や享楽を選択し、努力もしないだろう。デュルケームによれば、人類は社会、集団という

概念を作り出すことで、個人を超えた大きな集団に人を統合していこうとしたのである。我々の社会はこうした特色を有している。社会の独自性は、過去現在から未来までを連続的時間として有している所にある。つまり、個人が所属する社会は「現在」の状態であるが、社会は「過去」の伝統と偉人、さらに「未来」の子孫をも内包しているのである。もし、個人の努力が社会のためであり、その努力が社会に生かされるのであれば、個人の努力の成果は彼の死後も記憶され続けるであろう。そこで、デュルケームは、個人の社会や集団への帰属は、個人のはかない命を無限のものに昇華する最適な方法だと考えた。個人は、社会や集団への帰属意識を持つことで、限りある人生において努力しようとする。なぜなら、個人の努力は社会に還元され、役立てられるためである。

集団に対する帰属意識は、なぜ「族群」が集団アイデンティティーとしてこれほど強い推進力を産み出すのかについてを説明できる。集団に帰属意識を抱けば、限りある命は有意義なものとなり、永遠に続くと思うようになる。そうなれば、個人の生命を集団に寄託させることができる。もし集団の誇りが傷つけられれば、個人は代価を惜しまず集団のために殺人を犯すか、自らの命をも犠牲にして抵抗しようとするだろう。こうした状況では、集団の誇りが傷つけられることは個人の存在を否定することと同じだと捉えられる。こうした意識は、民族主義者が自らの民族の栄光の歴史、偉人、苦難を強調し、現在自らを苦しめている敵が誰か、族群あるいは民族の栄光を回復するために何をすべきかを強調するのかと繋がっている。こうした民族主義者の主張は、それぞれの「族群」を神聖化し際立たせる効果を持つ。「小我を捨てて、大我に生きる」といったスローガンも神聖にして侵すべからざる族群アイデンティティーを確立する助けとなる。これはまた、族群や民族が強力な動員力と凝集力を有しているのはなぜかということに繋がっている。民族主義を研究するベネディクト・アンダーソン（Benedict Anderson）は、現代社会のなかで「民族」は誅殺を正当化できる唯一のアイデンティティーであると指摘する。民族戦争では、「民族の敵」を殺害すれば勲章が授与される。つまり、民族の犠牲になることは国家と国民からの称賛を受けるということである。受勲者がどんな悪人でも（彼らはごろつきやチンピラかもしれない）、民族のために死ねば、民族を重んじた「英雄」として称賛されるのである。(14)

（二）「族群構築運動」を支持し、族群差別に抵抗する

「族群アイデンティティー」の二つ目の機能は、境界線を引くことで大規模な集団を作り出すことである。通常、族群アイデンティティーを構築する族群運動は「族群間の不平等」に抵抗するために生じたものである。この運動は次のような経過から発展している。まず、ある劣位に置かれている族群が自らの境遇を認識し、その不平等な待遇が自らの文化や起源に起因するものだと考える。そして、劣位に置かれる自らに対して優位に立つ族群の抑圧に抵抗すべく、エリートが族群運動を始め、その地位の向上を図る。そうしたなかで、この運動が発展していき、マイノリティの族群意識が育まれ広がっていく。こうした権力関係では、族群意識と族群分類の構築は政治的な現象である。そして、これが政治的な現象であるために、族群運動家は「族群」が持つ政治的な力について考慮する必要がある。

先述したように、人がより大きな集団に帰属したいと望むことは、社会のなかでごくありふれた現象であり、「族群」という分類概念が現れる以前より見られる普遍的な現象であった。過去の人々に重視された、家庭、家族、あるいは親族という集団は、人々の集団帰属要求を満たす最も重要な単位であった。しかし、家庭、家族、村落の影響力は現代社会のなかで、新しい単位によって代替されつつある。現代工業化社会において、「生得的地位（ascribed status）」(15)の重要性は低下し、しだいに「獲得的地位（achieved status、たとえば個人の教育的成就、階級的地位など）」に代替されつつある。近代化のなかで、工業化された経済生産方式に必要とされたのは、基礎的な教育を受け、市場の需要に応じてあらゆる生産部門にも対応できる大量の流動可能な労働者であった。それゆえ、伝統

的な農業社会のような個人と土地が不可分であるような生得的地位は、工業化の需要に対応できないものとなってしまった。社会は経済生産上での競争力を維持するため、社会の構成員を伝統的な社会関係から解放し、地理的、社会的な流動を促進させなければならない。こうした状況の下、獲得的地位は人々の生活に影響する最も重要な要素となっていった。近代化と工業化は、家庭や隣人を中心とする生得的地位の重要性を破壊し、人が帰属感をよせる社会単位として機能し続けることができなくなった。

しかし、新しい社会経済システムの下、人々は依然として集団への帰属を欲している。獲得的地位（たとえば、学校、職業集団、階級、仕事の集団、新たなコミュニティ）に基づく集団は、新たな帰属場所を提供するかもしれないが、そうした帰属場所では感情や情操的次元の欲求を完全に満たすことはできない。これらの獲得的地位に基づく社会集団と生得的地位に基づく社会集団との最大の差異は、集団を規定する開放性と構成員の流動性にある。獲得的地位に基づく集団は世代間で継承されていくものではなく、先人と後人の間には血縁上の関連性がない。そこでこうした集団では、長い伝統を有する「過去」、あるいは伝承され続ける「未来」に結び付けていくことが難しく、先人の後を引き受けて発展させるという「神聖さ」を生み出すことができない。また獲得的地位に基づく社会集団は、利益的な結合であり、構成員が自由に移動できるため、集団への個々人の参加要求は低く、集団に対する構成員の帰属意識、または集団への依存も低い。そうしたなかで、人はよりよい向上の機会と地位を獲得しようと試み、機会に恵まれれば、その集団から離脱することができるし、そうすべきだと考えられている。構成員の求心力を高める土台になるのは、機能的、機械的なものであり、感情や自己表現に基づくものではない。こうした社会的凝集は性質上、「世俗」的なものである。こうした特性によって、意志による結合、業績に基づく集団は、人が生きる意義を寄せ、巨大な代価を差し出しても構わない、さらには自らの命を犠牲にできるような集団にはなり得なくなる。実際に、ある人が獲得的地位に基づく集団の利益のために自分の命を犠牲にしたならば、それは他者の共感を得られないだけではなく、バカげた、無価値な死であると認識されるであろう。

伝統的な属性に基づく集団が次第にその重要性を失っていき、業績に基づく集団もまた、人間が持つ帰属への深い欲求を完全には満たしきれていないという状況の下、「族群」は理想的な新しい代替集団となるのである。「族群の想像」によって、人は自らが悠久の文化的伝統を有する大集団に属していると想像する。しかし、この集団の規模があまりに小さければ、十分な政治的な力を有することができない。それゆえ、族群集団の規模は必ず、家族や地域の集団よりも大きくなければならない。そして、族群は、起源を共有し、不平等な待遇を受けていると認識する人々の範囲と重なることが多い。この点について、本書では以下に台湾における族群のカテゴリー形成の実例から論を進める。

以上、「族群」と「族群アイデンティティー」という二つの概念について、本書が明確に主張したのは、「族群」と「族群アイデンティティー」は、集団の分類を想像する／させるための方法であるということである。筆者は、族群を明確で疑いようもなく区別可能な集団、もしくは実体のある存在として仮定しない。それゆえ、筆者は、ある集団が族群か否かについては論じない。なぜなら、我々は合理的な族群分類の範囲と基準が何かを決定し得ないからである。というのも、族群は血縁関係や言語といった本質的な特質を有しているために「存在」するものではないからである。族群集団は実際、人々の「族群の想像」によって生み出されたものである。「族群の想像」という集団分類方式を受け入れる人がいれば、受け入れられない人もいるだろう。たとえ、「族群」という集団分類を受け入れたとしても、人々が社会のなかでどれぐらい族群カテゴリーがあるのか、共通の認識をもつことは難しい。いずれの族群分類の方法も、一部の人々（通常は劣勢族群）にとっては、合理的であるのに対し、それ以外の人々（通常は優勢族群）にとっては不合理だから。つまり双方は互いを説得して、自分たちの考えを受け入れさせることは永遠に不可能なのだ。それゆえに、人々が「族群の想像」という方式を用いて、社会の他の構成員と自分との関係を考え、理解するかどうかがこの分析の上で重要な問題となる。もしそうなら、それはなぜ、どのような状況で、行われるのだろうか。

【注】

（1）張茂桂「第八章、種族与族群関係」王振寰・瞿海源編『社会学与台湾社会』巨流図書出版、一九九九年、二三九〜二七九頁を参照。

（2）Chang, Mau-Kuei（張茂桂）, "From the Discovery fo the Other to the Examination of Selfhood," *The Humanities Bulletin* (Hong Kong Chinese University), 4: 1995, pp. 77-84, 1995.

（3）注1に同じ。

（4）Anthony D Smith "National Identity and the Myths of Ethnic Descent," *Research in Social Movements, Conflicts, and Change*, 7, 1984, pp. 95-130.

（5）張茂桂（一九九九）、注1に同じ。

（6）民族主義の思考方式の起源についてはナショナリズム研究者であるベネディクト・アンダーソン（Benedict Anderson）の*Imagined Communities: Reflections on the Origin and Spread of Nationalism*, (London: Verso, 1991) を参照。中国語版、呉叡人訳『想像的共同体——民族主義的起源与散佈』時報文化、一九九九年。〔日本語版、白石隆・白石さや訳『定本　想像の共同体　ナショナリズムの起源と流行』書籍工房早山、二〇〇七年〕。

（7）張茂桂『台湾的政治転型与政治的「族群化」過程』前衛出版社、一九九七年、三七〜七一頁。

（8）たとえば、中央研究院民族学研究所で一九八九年に行われた「族群関係と区域の発展」シンポジウムで、麥留芳、荘英章等は「方言群」を用いて閩南人と客家人を呼称している（『中央研究院民族学研究所集刊』第六九号より）。

（9）林美容「族群関係与文化分立」『中央研究院民族学研究所集刊』第六九号、一九九九年、九三〜一〇六頁参照。筆者は清朝時期の「漳州と泉州」の分類が、今日の「族群」とは意義とその形態上にかなりの違いがあるとし、「族群」という概念を使ってこの種の区分問題を討論すべきではないと考えているが、清朝の漳州と泉州の間の集団分類と文化差異の関係性は、現代の族群問題にとって示唆的なので、本書ではあえて事例として使用することにする。

(10) 施添福『清代在台漢人的祖籍分布与原郷生活方式』国立師範大学地理学系、一九八七年、七一頁。

(11) 林美容前掲書、九九頁。

(12) 林偉盛『羅漢脚：清代台湾社会与分類械闘』自立晩報文化出版部、一九九三年、四九～五八頁で、あげられた政府資料による。

(13) 施添福前掲書、一三～二二頁。

(14) アンダーソン前掲書。

(15) いわゆる「生得的地位」とは個人の出生によって得られるものであり、一生涯この種の身分を変更することはできない、族群や性別のような身分である。

第二篇　現代台湾社会の族群の想像——台湾の四大族群

現代台湾社会における、族群の分類に関する主流な見方は、台湾には「四大族群」があると強調するものである。四大族群という分類は、一九九三年に民進党の立法委員である葉菊蘭と林濁水によって提示されたものである。人々のなかにはこの区分を拒絶するか、態度を決めかねているものもいる。しかし、これは十年たらずの間に、台湾社会で普遍的に受け入れられるようになった。このような分類は、政府の文化と社会政策の企画、立案の上でも採用されている。たとえば、言語の規範という面では、「国語（北京語）」のほかに、「閩南語（福佬語）」、「客家語」および、「原住民各族の言語」は、すでに政府の郷土教育、あるいは多言語教育に関する法律のなかで承認されている。原住民は十部族（二〇一四年九月現在では十六部族が認定されている。以下同じ）がそれぞれ文化を持ち、それぞれの間に大きな社会的差異が存在しているが、その人数は比較的少数であるため、政府の各レベルの行政法規の下で、同一のカテゴリーとしてみなされているのである。同様に、選挙制度上でも、「原住民」は特別なカテゴリーとみなされ、漢人とは別個に代表（立法委員も含む）を選挙することが出来る。しかし、原住民の選挙は、定員を十部族に分けたものではない。

現在、一般的に「四大族群」という分類に対する社会意識は次ようなものである。つまり、長きにわたって（少なくとも五十年）、大きな文化的、歴史経験上の差異を有しており、それぞれは一つに統合され得なくなってきた人々の区分を具体的に表しているものにすぎない。しかし、台湾社会に存在する文化と社会集団の複雑さが、実に多種多様な族群分類を作り出せるのである。このことを考慮に入れれば、本書が考える「四大族群」という分類法の出現と定型化は、まさに政治権力の応酬・妥協と人々との相互作用の結果といえるだろう。

本篇では、幾つかの側面からこの問題について解説する。

◉ 第三章 「四大族群」内部の相違

実際には「四大族群」という分類は、台湾の歴史上の異なる時期に現れた、三つの族群分類法を一つに合成して生み出されたものである。この三つの族群分類法とそれに対応した族群カテゴリーは図2のようになる。

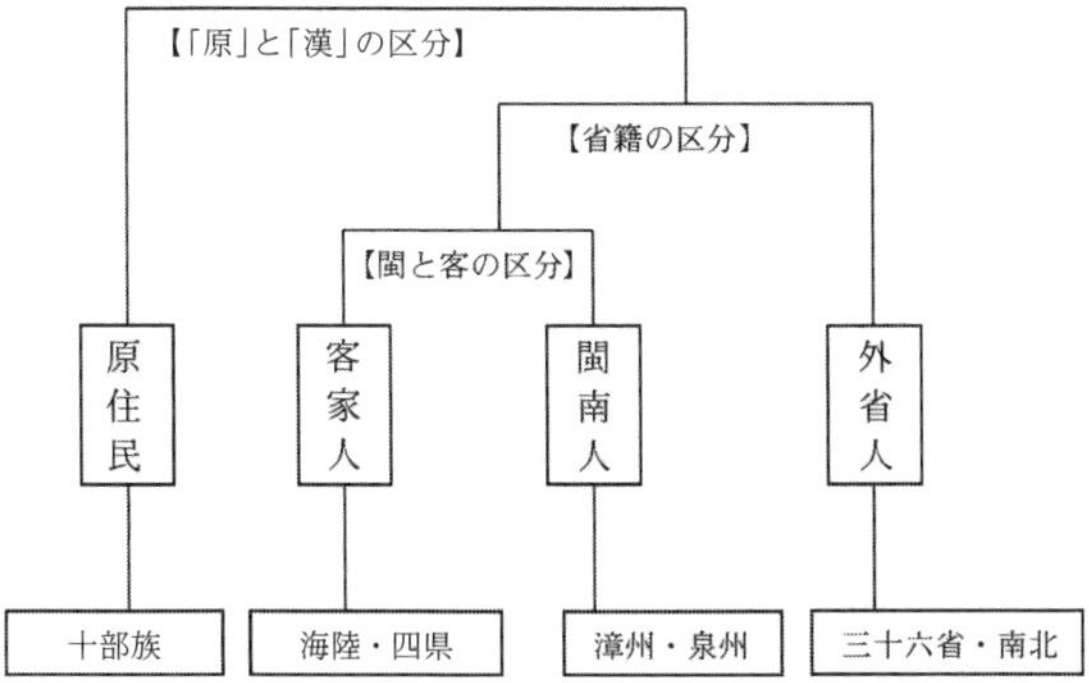

図2　台湾四大族群の集団分類上の構成

台湾社会で言う「四大族群」とは、原住民（原住民族）、客家人、閩南人（福佬人）、そして外省人（新住民）を指す。この四つのカテゴリーは、三組の対比的な族群カテゴリーによって構成されている。第一に、「原住民」対「漢人」の区分である。第二に、漢人の中にある「本省人」対「外省人」という区分である。第三は本省人中の「閩南人」対「客家人」の区分である。この本来は三つの対比的な族群カテゴリーは、現在では同一の平面上に置かれ、いわゆる「四大族群」を形成しているのである。しかしながら、より詳細にこれら三組のカテゴリーを見ていけば、この「族群カテゴリー」が現在も対比カテゴリーを念頭に置いていることが明らかとなる。たとえば、「原住民」というアイデンティティーは実際には「漢人」と対比することで生み出されたカテゴリーである。現在「原住民」として一つにカテゴライズされる「族群」の内部には複雑な文化的差異が存在している。一般的に言われるのは、原住民の中には十種の部族があるということである。

台湾の歴史上、原住民部族の間で数多くの衝突と対立があった。原住民は自らの部落と敵の部落を明確に区別している。第二次大戦終結以前には、彼らの帰属意識や愛着の対象は部落やせいぜい自らの部族を対象としたものであり、いわゆる「汎原住民」アイデンティティーは存在しなかったのである。ただ、一九八〇年代初期に原住民運動が始まるなかで、原住民にとって共通の抑圧者である「漢人」を規定することで、相対する「汎台湾原住民」の「族群の想像」を作り出した。原住民運動の言説では、「漢人」は原住民が今日置かれている差別的境遇を作り出したマジョリティであり、抑圧者であるとされており、ここでは漢人を客家人、外省人、または閩南人に区分していない。一部の原住民は、漢人内の異なる族群を区分している。その際に参照されるのは、個人や周辺地域での漢人との接触、あるいはマスメディアを通じて得られるイメージである。一部の原住民は、漢人の族群間にある言語や文化、および社会的特性に見られる差異を認識し、彼らの語彙では、異なる言葉で漢人の異なる族群を呼んでいる。しかし、こうした漢人内部の差異についての認知は、主に文化と社会に関連し、「汎原住民運動」の政治的な訴えと目標の下では、より大きな「原・漢」という区分に隠されて、漢人内の文化的差異はさほど重要ではなかった。

同様に、「外省人」と「本省人」の省籍区分のなかでは、「外省人」からは、本省人が「閩南人」または「客家人」の間で言語と文化の上で違いがあり、過去に激しい対立があったということを知っていても、政治的立場からは閩客の区分はそれほど重要ではなく、「本省人」と「外省人」の間の差異と敵対意識こそが重要なのである。いわゆる「本省人」アイデンティティーは「外省人」と対立するときに確立される、主に政治的立場の違いに根差している。こうした状況は「閩・客」の区分にも応用することができる。「客家人」のアイデンティティーは、「閩南人」に対する時だけ意味を持ち、客家人の身分とアイデンティティーを強調することができるのは、閩南人との言語や文化、歴史、経験上の区分を言及する際だけである。

したがって、本書の強調する族群カテゴリーの対比的意義をより深く理解するには、四つの族群カテゴリーが明確な違いがあるという考えを捨て、集団カテゴリーを個人のアイデンティティーの一部分であると考えることが重要となる。すなわち、たとえ族群分類の上であっても、人は多重（あるいは多層）の族群アイデンティティーを有することが可能なのである。たとえば、四大族群中の「外省人」は、ある時は（原住民）によって「漢人」として規定される。また、「閩南人」や「客家人」も同時に「本省人」や「漢人」という身分を有するのである。さらに、「原住民」は過去長い間、政府が行う統計のなかでは「本省人」の一部とされてきた。こうした四大族群よりも広い区分のほかに、内部にもさらに細かな区分がある。

先述したように、「原住民」のなかにはアミ、タイヤル、ルカイ、タオ（ヤミ）、サイシャット、ブヌン、サオ、パイワン、プユマ、ツォウという少なくとも十種の異なる民族がある。この十部族の言語、文化、風俗風習、芸術、生産方式、社会組織と制度といったものはそれぞれに完全に異なっている。外見から最も容易に識別できる服飾について言えば、原住民間には共通の部分がほとんどない。また、言語面でも原住民間には国語の他に共通の言語はなく、国語以外では部族をまたいでのコミュニケーションはとれない。現在まで、大部分の原住民は依然として十分類における部族のアイデンティティー（たとえばアミ族人、タイヤル族人）を持ち続けている。もし、この十の部族の内部にさらに細かい区分を考慮すれば、状況はより複雑となるだろう。たとえば、原住民のなかで人数が二番目に多いタイヤル族の内部には少なくとも、セデックとタロコという二つの部族区分があり、彼らはいずれも自分がタイヤル族人であると思っていない（タロコ族は二〇〇四年に、セデック族は二〇〇八年にそれぞれ独自の民族として認定された）。

同様に、「外省人」も一つの族群として見なされているが（「新住民」とも呼ばれている）、「外省人」にはそれぞれの故郷（中国の三十五省）に由来する言語的、文化的差異があり、杭州語を話す人と上海語を話す人とは、それぞれの言語を通じて理解し合うことはできないかもしれない。蘇州語と山東語の場合はより深刻な問題となろう。このように大きな差異があるにもかかわらず、どうして彼らは「外省人」という一つの族群と見なされるのだろうか。「閩南人」の内部の差異もかなり大きい。前述したように、閩南人ということばは一九七〇年代に現れたものである。光復初期において、漳州と泉州という閩南人内の区分を依然として重視する人々がおり、今日でも中部の山岳地帯と海岸地帯ではかつての漳泉区分の名残がある。これ以外にも、南部（下港）と北部のような地域による差異も大きい。

同様に、「客家人」の内部でも、異なる故郷より移住してきたため、海陸・四県でそれぞれに異なる「なまり」がある。一九八〇年代以前の台湾には、異なる地区に住む客家人の使用する客家語にはそれぞれなまりと特殊な語法があり、互いにはっきりと区別することができた。しかも、地理的な分布を見れば、客家人は北部の桃園、新竹、苗栗および、南部の高雄、屛東の一帯（「六堆」地区）に集中してはいるものの、南部と北部の二つの地区間には密接な往来はなく、分離された状態であった。

ここで提起したようなカテゴリー内部における差異と区分はすべて、個人の集団アイデンティティーの対象となりうるものである。図2の四種の異なる区分は、原漢の区分、省籍の区分、閩客の区分、四大族群内部の差異であり、それらはすべて、「族群区分」である。台湾社会に生きる人は、こうした異なる次元の分類のなかで、それぞれの位置を与えられるのである。つまり、個人の族群アイデンティティーは多層的で、一つの族群に帰すことはできないということである。「四大族群」は、現代の人々が最も重視し、最も意義を有した区分であるかもしれない。しかし、我々はある個人が一つの「族群身分」しかもたないと考えるべきではない。こうした考え方はある種の押しつけに過ぎない。こうした思考は、我々の族群に関する見方を誤らせ、「本質論」（essentialism）に陥らせる。誰も一つの「族群身分」しかない、あるいは一つ以上の「族群身分」を有することはあり得ないと信じ込む場合は、あらゆる人の族群身分を明確に規定し、各族群集団の文化的、社会的特質を明確化することは必然的に重要な作業となり、そしてそれもいわゆる「族群研究」にとって取り組むべき重要な課題となる。しかし、これらは無駄な作業である。なぜなら、族群は「集団」ではなく、「人々をどのように分類するかの意識形態」に関するものであるから。もし、「四大族群」という区分が社会に受け入れられ、「族群の想像」の重要な内包として普遍的に認められているならば、問題は、この分類法から排除された人をどのように処理するかではないし、どのような文化的、社会的特質が、それら族群を生み出したかということでもない。我々が問うべきなのは、この方法がいつ、どのような状況で、なぜ他の分類法よりも重視されるようになったのか、どのような要素がこの状態を引き起こしたのかを探り出すことにある。

多重な族群身分を有する人にとって、これらの身分は、斥けあうようなものではなく、どの身分が最重要であるとか、主導的な立場であるとか、そういったものでもない。それぞれの身分が、特定の状況の下で、その意義を有しているのである。より重要な問題は、様々なレベルや程度の差異のうち、どれが主な差異として選ばれ、族群を定義する上で利用されたかである。前述したような、「四大族群」が現代の主要な族群分類となった状況から見ると、実際には、文化的差異だけでは、これらの族群カテゴリーや、族群アイデンティティーを生み出すことはできない。歴史的に見ていけば、族群カテゴリーの形成には、成員に共通する歴史経験と、他の「族群」集団との接触経験に大きな関係があることが明らかになる。他集団と接触する際に差別的待遇を受けていると感じ、異なる族群分類の方法を生み出す。以下では、台湾における「四大族群」、つまり三つの対比的な族群分類が生み出された時期とその状況について説明する。

図3に示した四つの対比的な族群分類のなかで、左側に書かれた族群（下線が引かれている側）が自ら劣勢族群であると認識している集団で、多くの場合、彼らが主体となって抑圧者である優勢族群を規定している。注意したいのは、四大族群とは、実際には一九九〇年代に民進党の政治家が異なる歴史時期におけるそれぞれの族群分類を一

対比的族群カテゴリー	出現時期
「本省人／外省人」の区分	1970 年代以降
「原住民／漢人」の区分	1980 年代初期
「客家人／閩南人」の区分	1980 年代中期以降
「外省人／閩南人」の区分	1990 年代以降

図３　現代台湾の対比的族群カテゴリーの出現時期

つにまとめた結果であるということである。族群運動家が、自らの族群が長い歴史をもった固有の存在であると喧伝しているが、これは「族群の想像」が人々によって受け入れられた後になって現れた新たな観点に過ぎないのである。

本書は、台湾の「族群の想像」は、早くとも一九八〇年代初期になって芽生えたものであると考える。このような捉え方は、これまでの、台湾の族群関係は戦後の本省人と外省人との接触より始まったという一般的な理解とは大いに異なっている。以下では、この見方について細かく説明する。

◉第四章　台湾「族群の想像」の起源――「本省人」／「外省人」族群意識の形成過程

第一節　最初の違い（一九四五年以前）

台湾の「本省人」カテゴリーは、一九四五年に第二次世界大戦が終結した後、台湾が新たに中華民国の統治を受けるようになってから出現してきたものである。日本統治時代には、台湾人は自らを「本島人」と呼び、日本人を「内地人」と呼んでいた。光復以降、国民政府は台湾に省の地位を付与した。これによって「本省」や「本省人」という言葉が速やかに伝わり、一般の人々も慣れ親しむような用語となった。大陸の各省から流入してきた台湾省外の人たちも、すぐに「外省人」と呼ばれるようになったのである。

当時の本省人と外省人の間にはまったく別の文化システムに属すると言っていいほどの大きな差異があった。中国の統治に復帰したことについて、台湾人は高い期待を抱いており、熱心に北京語を学習し、大陸からやってくる新たな接収者を歓迎していたが、双方の違いは明らかなものであった。台湾は日本の植民統治の下、一九二〇年代に近代化が進み、その間には日本文化と教育の洗礼を受け、日本教育の下で成長した新たな世代を生み出した。台湾総督府の統計によれば、植民統治末期に（一九四〇年）、台湾で日本語を理解できる人は七割にも達していた。この結果、日本語は台湾の人々が持つローカルな言葉を差し置いて、唯一の共通言語となった。一方、中国政府が北京語を「国語」としたのは中華民国が誕生して以降であり、台湾は当時すでに日本領となっていた。台湾の住民はそれぞれの地方の言語から北京語へという言語転換を経験しなかったために、外省人が使用していた国語に慣れ親しんではいなかったのである。

さらに重要なのは、五十年の植民統治を経て、台湾の人々は日本文化の影響を受けただけでなく、その価値観も知らず知らずのうちに共有し、伝統的な中国文化のなかで育まれた外省人との間に差異が生じていたのである。特に国家、公民の理念や法治および法律遵守等の概念を含む近代性において違いが生じていた。日本が台湾にインフラを建設し、近代的な衛生習慣を身につけさせ、目的はどうであれ、台湾の日常生活、習慣を変化させ、台湾は中国の他省に比べて進歩的な地域になったのである。

外省人からすれば、対日抗戦の経験によって、多くの外省人が日本に対する敵意を抱くのは免れない状況であった。外省人が台湾を接収した一九四五年時点では、台湾と台湾の人々は外見や文化的に見て日本と日本人そっくりそのものだったのである。

戦前の歴史経験によって生み出されたこれらの違いがあったため、光復後に接触し始めた「本省人」と「外省人」の間で明らかな違いが存在していた。両者間には、想像する必要さえなく我らと彼らの相違が歴然としている。しかし、最初、これらの違いは、直接省籍による族群分類の意識を生み出したものではない。当時の台湾の人々は祖国復帰に対し高い期待を持ち、日本統治時代には二等国民とされていた台湾人の不平等な地位を払拭し、自分たちが社会を取り仕切る立場に立てる機会が訪れると考えていたのである。台湾人の当時の「中国意識」は人々のことばや表情にも現れていた。彼らは、自らを中国人の末裔と考え、外省人との違いは、単に「国語」や「祖国の文化」に慣れ親しんでいないだけだと考えていた。こうして、この差異の認識には不公平感がなかったのである。

第二節　一九四七年の「二・二八事件」

しかし、最初の接触期、大陸からやってきた新しい統治者の台湾人への政治上の措置が台湾人に徐々に被差別感を抱かせた。陳儀の「台湾省行政長官公署」（中華民国が台湾統治のために一時的に設置した行政組織）はいくつかの文化政策（たとえば、光復後一年も満たないうちに日本語の使用を全面的に禁止したことなど）において、征服者としての台湾統治への態度を示したが、公職には台湾人を登用せず、台湾の人々は政府の公平性について疑念を抱いた。「本省人」の評価基準は、日本政府は比較的効率が良く、公平であったという点にあり、また「台湾光復」後に、本島人が再び二等国民とならず、政治の上でも活躍できるという期待にあった。こうした期待は、光復後の政治的な現実に直面するうちに打ち砕かれることになった。人々の不満はマスコミを通じて連日報道された。特に、行政長官公署の役人の汚職腐敗、公職からの本省人の排斥と外省人の重用が明るみに出ると、「本省人」が「外省人」によって差別されているという強い意識が次第に台湾の人々に広がったのである。[1] こうした社会的緊張は徐々に蓄積され、台湾光復の十八カ月後、一九四七年一月二七日に起きた暴動を発端にして台湾全土での反抗運動を引き起こし、さらには、「二・二八事件」（外省人に対する本省人の大規模な抗争と、それに続く国民党政府による大虐殺）へと発展することになった。後に、「二・二八事件処理委員会」が成立し、問題を処理していくなかで、本省人エリートは、本省人が公職任用と権力の配分で行政長官公署から差別的待遇を受けていると指摘し、よりオープンな政治参加を要求したのである。

「二・二八事件」以前、そして事件のなかで、「本省人」の「外省人」に対する集団としての不公平感は、各種メディアが人々の怒りや政府の汚職、腐敗を報道し、さらには民間における動員のなかで一気に高まっていった。「二・二八事件処理委員会」が三月七日に提出した三十二カ条の要求には、統治機構でより多くの本省人を登用すること、専売制度を取り消すこと、接収された日本人資産の処理に本省人の参与を認めることなどが含まれていた。(2)多くの本省人が、陳儀の行政長官公署の統治下で政治的な差別と経済的な搾取を受けていると考え、その状況を打開しようとしたことを如実に物語っている。

しかし、同時に注意しなければならないのは、「二・二八事件処理委員会」がこれらの改革要求を提起したとき、外省人への態度は本省人同士の間でも大きく分かれており、カテゴリー的、あるいは普遍的な敵意にはまだ発展していなかったということである。当時、多くの本省人が不公平と政治腐敗をただ行政長官公署と一部の役人の責任だと考えていた。これらの本省人は、中央の蔣介石主席が台湾人の改革要求を聞き入れて台湾に地方自治を実施することを認めてくれれば、こうした政治的、経済的な不平等も解消できるだろうと考えていた。この考えは、「二・二八事件処理委員会」が三月六日に外省人に対して発表した「全国同胞に告げる書」からも垣間見ることができる。この宣言文の全文は以下のとおりである。

親愛なる各省同胞よ、この度の二・二八事件の発生について、我々の目標は官僚の汚職腐敗を粛清し、本省の政治改革を図ることにあり、外省人同胞を排斥することにあらず。台湾の政治を明るくするため、我々はあなたがたが本省の政治改革に参加することを大いに歓迎する。一刻も早く目標を達成するために、愛国者である各省同胞が、勇躍して我々と手を組み、歩調を合わせ、この度の闘争の勝利を期待している。親愛なる同胞よ、我々は同じ黄帝の子孫であり、漢民族である。国家政治のよしあしは、国民すべてに責任がある。皆愛国の熱意をもって、我々と共に協力してくれる各省の同胞を、我々は大いに歓迎する。二・二八のあの日に起きた外省人同胞が殴打された事件は、一時の誤解から生じたものであり、我々は遺憾に思う。しかし、これは我々同胞の災難でもあり、今度絶対にこの種の事件が再び発生しないようにし、皆が安心してこの目標に邁進することができるよう期待している。我々の合言葉は台湾政治の改革である。

中華民国万歳。

国民政府万歳。

蔣主席万歳。

（李筱峰、前掲書二〇二頁より：傍線部は筆者が付け加えたものである）

この声明から見て取れるように、当時、多くの本省人エリートは「外省人」を反抗の対象とせず、その批判の矛先は主に行政長官公署の失政に向けられていた。しかし、三月九日に大陸から国民政府の援軍が台湾に上陸、各地を鎮圧し、多くの本省人が殺害されたことで、この状況は徹底的に変化していくことになる。軍隊が上陸する前日、陳儀は大陸には絶対に治安のための派兵を要求しないと事件処理委員会に保証し誓っていたのにもかかわらず、である。こうして、この鎮圧という名の虐殺は、中央政府に対して一筋の希望をもっていた本省人たちを打ち砕き、裏切りと失望を感じさせたのである。「本省人」の「外省人」に対して抱くマイノリティ意識は、鎮圧の後、徐々に確立され、本省人の間で主流となっていった。このような意識下での、「外省人（国家、軍隊／統治者）」対「本省人（民衆／非統治者）」という構図は、光復初期の台湾社会で最も顕著な集団分類、もしくは集団組織の原則となっていった。言語的、文化的差異や、政治上の不信に加え、権力的な抑圧が生じ、「本省人」と「外省人」は次第に明確な境界をもつ二つの社会集団となっていった。そこで本省、外省の省籍区分と省籍矛盾のような言い方はさらに集団分類を想像するカテゴリーを構成することになる。そもそも本省人の間に存在していた「福佬／客家」の区分、もしくは「福佬」のなかに存在する「漳・泉」の区分は、政治的、文化的、そして社会的な重要性において本省／外省という新たな区分によって覆い隠されてしまったのである。

「本省人」をマイノリティ族群とみなす族群意識のなかでは、それに対応する族群カテゴリーは「外省人」であった。「本省人」からすれば、「外省人」が国家機構と武力を占有しているために、絶対的な権力を握ったのである。また、台湾光復後に成立した「行政長官公署」は、日本統治時代の「総督府」と酷似し、チェックアンドバランスによる権力の抑制を受けていない絶大な権限を持つ「新総督府」に過ぎない。しかし、「二・二八事件」と三月の鎮圧後、全ての政治活動が禁止され、当初は勇敢にも立ちあがって反抗していた本省籍の知識人グループとエリート集団はほとんど虐殺されるか、逮捕、投獄されるという悲惨な運命に遭遇し、僅かなエリートが海外（日本やアメリカ）に逃亡し、残されたエリートは白色テロの下では集団的な行動を通じてこのような対抗的な意識を広げることができなくなった。政治運動による動員と凝集が欠けた状況で、こうした族群運動の形で繰り広げられなかった対抗的な意識は、繋がりのない個人やグループの間に散在し、家庭や親しい友人といった原初的な社会関係を通じてのみ温存され、共有されていた。

ここで重要なのは、この集団間のカテゴリーに基づく敵意は、現代のわれわれが慣れ親しんでいる「族群意識」とは性質上はっきりと異なっていたということである。

まず、本省人は自分と外省人が必ずしも「平等な国民」（fellow citizens）とは考えていなかった。光復初期、台湾の人々は中華民国の国民に復帰できたことを喜んだが、「二・二八事件」前後、本省人が外省人に差異と不平等を感じたことで、大きな期待が失望に変わった。そして本省人は台湾と中国、本省人と外省人の関係を見直すことになった。光復前後、多くの本省人が日本統治時代に二等国民という待遇に不満を感じ、「祖国」中国に高い期待を抱いていた。また、軍紀の厳しい日本軍を倒した中国軍にも、絶大な期待と評価を下していたのである。大戦末期の「カイロ会議」後、中国は世界四強（中国・アメリカ・イギリス・ソ連）に名を連ねたことで、台湾人民は自分たちを「中国人」としてさらに誇りに思うようになった。しかし、台湾光復以後、国民政府が台湾を接収するために派遣した「行政長官公署」は、行政の効率・法治観念・および役人個人の風紀の上で、実際のところ台湾総督府に遠く及ばないものであり、接収部隊の軍紀も、日本軍に及ぶものではなかった。

実際の中国と接触し、過去の日本統治と比較した後の失望は、「二・二八事件」が発生する以前、すでに流行した「犬が去って豚が来た」という言葉に表れている。これは犬という言葉を用いて日本統治者の厳しさを比喩し、そして豚という言葉を用いて新しい統治者の腐敗を揶揄したものである。より重要なのは、台湾が日本統治時代に、初歩的な近代化のプロセスを経てしまっていたということにあった。インフラ建設以外にも、台湾の人々は教育の普及率、法治観念の点で、政府への期待にも、現代的な国家観念が含まれていた。こうした認識のもとで比較して、中国という国家と文明は遅れたものとみなされたのである。「二・二八事件」の発生原因（警官が闇タバコの取り締まりを行った際、販売者と通行人への傷害）と事件の過程（行政長官公署の守衛が抗議する群衆に発砲したこと）、さらに処理のまずさ（陳儀が一方で事件処理委員会に大陸から増援部隊を派遣しないと保証し、一方で中央政府には派兵・鎮圧を要求した）、そして事件後の大規模な鎮圧（本省籍エリートと知識人に対する計画的な虐殺）。これらはいずれも台湾の人々に、次のようなステレオタイプを植えつけることになった。中国には法治概念が無く、気の向くままに人々を殺害する遅れた国家と政権であり、中国人は信用できず、陰険かつ狡猾な人々である。「二・二八事件」後、多くの本省人知識人が中国に対し徹底的に失望し、次のように述べている。「私は自らの身体に中国人の血液が流れていることを恥辱に思う」。

中国人が一般的に、血の繋がりを民族の主な要素として強調することから考えれば、こうした語りは、「祖先への裏切り」とも言える。しかし、当時の台湾人がもっていた国家と民族への見方は中国人と異なっていたのである。日本の植民統治が近代国家と公民の概念を台湾に持ち込んだこと、とりわけ太平洋戦争勃発後の「皇民化政策」のなかで、台湾人は日本人と同等の権利を有する国民として認められた。これによって、台湾の人々は、国民が必ずしも血縁に基づいて定められるものではないと考えるようになった。台湾人は、文化、血縁、国民の間に必ずしも関係があると考えてはいない。すなわち、「中国」は血縁上の祖国ではあるが、それは必ずしも文化や国籍にまつわる唯一の選択とはならなかった。実際、中国の役人と接触したのち、中国の衰退と専制的で野蛮、かつ個人を尊重しない政治構造と文化は、日本の進歩、個人的権利を尊重する文化と比較して、本省人（特に知識人もしくはエリート層）は日本の文化と日本統治期の公民権を懐かしむことになった。本省人は自らと外省人が同じ「国民」であることに嫌気がさしてしまったのである。彼らは、自らが外省人より進歩的で、文明的であると思っていたのである。この考えのもと、本省人と外省人の違いは、文化の違いにとどまらず、優劣の区分を有していたのである。

同様に、外省人の役人は、台湾人が五十年の日本統治ですでに日本文化に「奴化」（奴隷化）され、血統上も良くない影響を受けたと考え、血統、文化の上で劣った存在であり、改造しなければならないと考えていた。この種族主義的考えの下で、行政長官公署と国民政府は、台湾人と台湾文化を尊重せず、文化政策を通じて中国文化を推し進め、台湾の日本文化、土着文化に取って代わろうとした。

このように、一九四七年の「二・二八事件」後、本省人、外省人はともに、相手を同じ「国民」であると考えてはいなかった。そもそも、国民と国家のといった近代的概念を有していた本省人は、それを共有しない新たな統治者に対し、政治における平等な公民権を要求したため、虐殺と鎮圧を受けた。こうしたなかで、本省人は平等な公民権を再度要求しようとしはなかったのである。人々は、本省人と外省人の関係とは何かを考える際に、政治的、文化的な対立以外には、必ずしも共通する見解を持っていたわけではなかった。というのも、多くの人がそれぞれに異なる経験をしたため、「省籍関係」について、それぞれ異なる考えを抱かせたが、政治活動のタブー化によって、互いの見方を摺り合わせ、理解しあうことができなくなったのである。加えて、その後の歴史の展開と社会の変化もこうした分類意識の成長や流布を抑えていたのである。

第三節　一九四九年　国民政府の台湾移転

一九四九年、国民政府が国共内戦で敗れ、百万近くの軍民を引き連れ、短時間のうちに大陸反攻の準備を行うために渡台した。そして、台湾は中国共産党の反乱に対抗するための暫定的な「復興基地」となった。国民政府は台湾に移転し、大陸反攻という政治目標が掲げられ、大量の外省軍民の移入がなされるなか、台湾は反乱動員鎮定の政治体制の下で、社会と政治の再編が進められた。中央政府が暫定的に台湾に移植されたことで、「中国の主権」を維持すべく、国民政府は「反乱鎮定動員時期臨時条項」を定め、国会の改選を一時凍結した。この移入した政府の政治システムのなかで本省人の活躍できる部分は、中央政府と三つの国会（立法院、監察院、国民大会）のうち、序列的にはただ一つの省として（当時の中華民国全三十五省のうち）の地位しかなかった。台湾において、本省人が占める割合は全体の八五パーセントだが、一九七〇年以前の万年国会のなか、台湾省代表はわずかに一〇パーセント弱の議席しか保有していなかった。また、一九七〇年から一九九一年までの国民大会代表と一九九二年立法委員の全面改選以前は、増員や補欠を募るいわゆる「増加定員選挙」のなかで、保有していた国会議席はわずか二〇パーセント弱にすぎなかった。

台湾に在住する人々のみが納税し、兵力を提供しているのにもかかわらず、国民政府はこれまでと変わらず中国の代表であることを宣言した。そのため、外省人に掌握されていた中央政府の権力構造を、正面から問題にする本省人は戦後初期にはおらず、また本省人の抑圧された族群意識を助長することもなかった。その理由は、「二・二八事件」における鎮圧の教訓から多くの本省人エリートが異議を唱えなくなったこと以外に、国民政府の台湾移転当初の外的環境、国際情勢を受けて、本省人は国民党政府が「中国法統」を維持し続けることに疑問を投げかけられなかった点もある。

一九五〇年代には、台湾海峡の航空戦、一九五四年の米華相互防衛条約の締結と一九五八年の金門島砲撃戦（「八・二三砲戦」）などの事件が発生し、国共内戦は現実的な脅威であった。国民政府の「大陸反攻」という政治的、軍事的目標は「神聖にして侵すべからず」の国家目標であったのである。国際関係に関して言えば、台湾における中華民国政府は中国における唯一合法的な政府であるとの主張も、世界各国の承認を受け続けた。すなわち、国連に「中国」代表として加盟し安全保障理事会における常任理事国の身分も保有し、そして世界の多数の国との国交を結んでいた。図4を見ても、一九四九年の中華人民共和国成立以後も、一九七一年の中華民国の国連脱退までの間、台湾は国際社会のなかで中華人民共和国よりも多くの国交を結んでいたのである。一九七一年以降、中国と国交を結んだ国は初めて台湾を超えることになるのである。一九六〇年代において、アメリカは台湾を国家として承認するだけでなく、莫大な軍事的、経済的援助を行い、第七艦隊を派遣して台湾海峡の防衛にあたらせた。台湾が国連から脱退した後もアメリカは台湾を承認し続け、一九七八年にようやく米中で国交が結ばれ、台湾と断交したのである。以上から分かるように、自分が「中国を代表する」合法的な政府であるという台湾の主張は、国際社会、とくにアメリカからの支持を得ていたのである。

こうした条件に恵まれる中、国民政府は国家の非常時を切り抜けるために、「反乱鎮定動員時期における中国ナショナリズム」を構築し、大いに鼓吹していた。必然的に、これは台湾社会において強力な国家イデオロギーとなり、反対者はこれに対抗できる有力な論法を生み出すことが困難になった。

この新たな中国民族主義論において、台湾に移転した国民政府は依然として「中国における唯一の合法政府」であり、「大陸を不当に占拠」している「共匪（共産ゴロ）」を「民族の敵」として新たに定義したのである。この宣言を強化するために、国民政府は「赤い中国」と対比させ、民主的な「自由中国」を強調する以外に、「共匪」が中国大陸において、中国文化を破壊する簡体字政策、「文化大革命」を行っているのに対し、台湾の国民政府は中国文化の伝統を維持している努力を強調した。

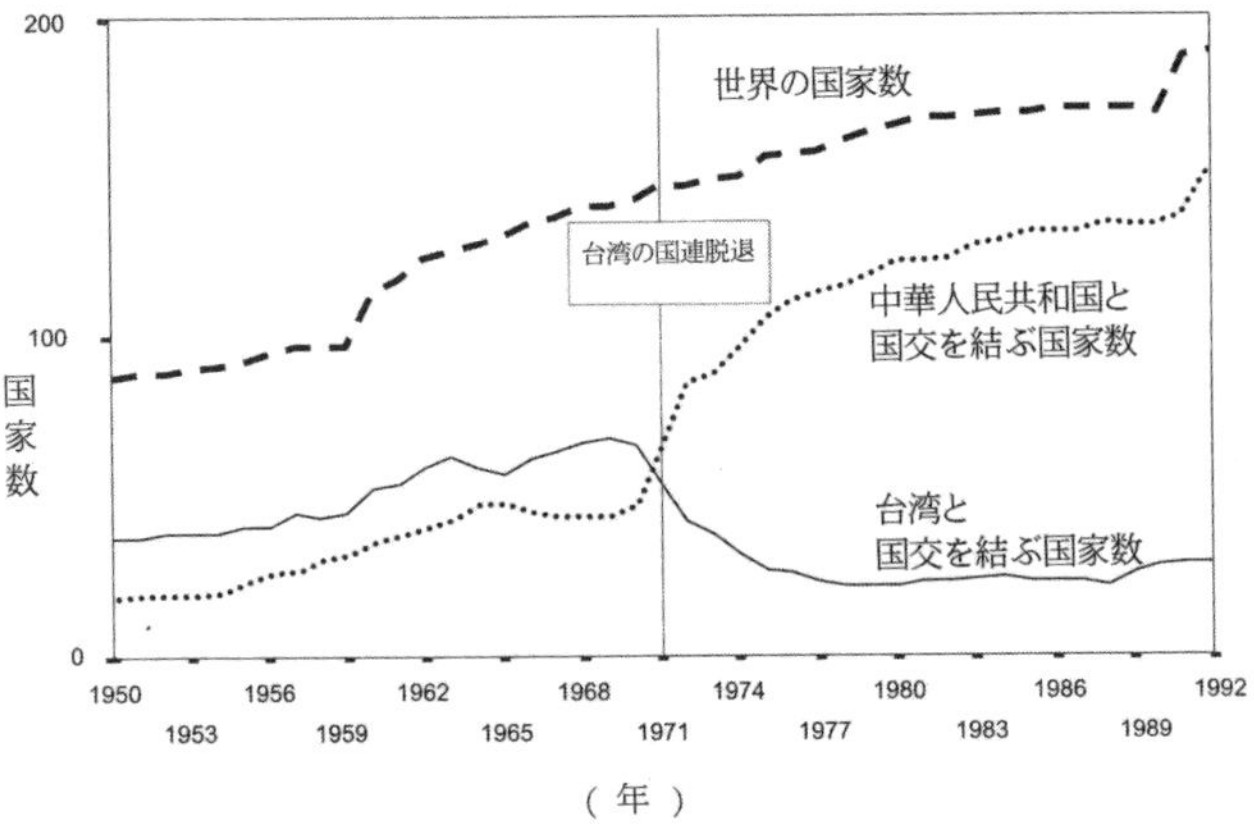

図４　台湾と中国と国交を結ぶ国家の歴史的変遷（1950-1992）

出典：高朗『中華民国外交関係之演変（1950-1972）』五南図書出版公司、1993 年、同『中華民国外交関係之演変（1972-1992）』五南図書出版公司、1994 年。

具体的には、「文化大革命」に対抗すべく、蔣介石総統は一九六六年一一月に「中華文化復興運動」を始め、中国文化を代表する台湾の正統性を示した。この運動の主たる組織である「中華文化復興総会」は、「中華文化」に関連する書籍や文芸作品を編纂、出版する以外に、民間と大学などの高等教育機関で支部を設置し、標準化された「国家文化」（たとえば「国語」、「国楽」、「国劇」、「国民生活における注意事項」など）を構築、推進させた[3]。政権の合法性と正統性を強調するために、国民政府は新しく「中華民国」の歴史を定義することになり、黄帝・禹湯・文武・周公以来の中華民族の政権における正統性、継承性を強調し、国家の歴史を「標準化」し、それらを各学校の教科書に取り入れ、文化、血縁、政体の三位一体を重んずる「中国民族主義」の国家民族観を学生に教え込んでいた。

図５「反乱鎮定動員時期における中国ナショナリズム」の具体的内容を見てみると、本省人は政治的な面で不平等な地位に置かれたのに加えて、土着文化も中華文化を正統とする論調の

祖先・起源地・言語文化・過去の栄光と苦難・共通の敵
黄帝：黄河流域・中原：中国語、 五千年の中華文化：漢・唐の繁栄：欧米列強の侵略：抗日戦争

↑　↓

我々は誰か、敵は誰か
中華民族、炎黄子孫、中国人：大陸を不当に占拠する共産党集団

↑　↓

民族の政治的、文化的目標
大陸復帰：統一した中国の維持：中国文化の高揚

図５　「『反乱鎮定動員時期』における中国ナショナリズム」の内容
王甫昌、1996 年、146 頁、図 1 より

もとで抑圧に晒されたのである。「国語普及運動」および「中華文化復興」という民族主義の目標のもとで、台湾土着の言語文化（方言および日本語）は消滅させるべきものとされた。

　政治的地位の不平等、および言語、文化面での抑圧が存在しているのにもかかわらず、本省人の族群意識はさらに発展・拡大することはなかった。多くの本省人が、外省人との間に差異を感じ、差別的境遇に置かれていると認識していたにもかかわらず、これらの話題を公的に議論することができなかったために、この差別と抑圧から生じる怒りは各個人に封じられ、公的な場に現れる機会はごく僅かであり、公的な課題として認識あるいは重視されることもなく、さらに一歩進んで族群意識による政治動員が議論されることもなかった。その一方で、中国民族主義のイデオロギーと、中国アイデンティティーは、国家にコントロールされたメディア、文化出版事業を通じ、さらに学校教育システムの強い影響力によって、次第に社会構成員の間（特に戦後生まれ育った世代の間）で主流となっていった。「中国ナショナリズム」に対抗する有効な手段がなかったため、本省人エリートは「大陸反攻」の目標と外省人による中央政府権力の独占、さらに台湾文化への抑圧に対し異論をもちつつも、国際環境のなかで正統性を主張する国民党の論理に対抗しうる有効な論理を提起するのは難しく、組織的な族群意識も発展するには至らなかったのである。

　しかし、一九五〇年から一九七〇年までのこの時期は、本省人と外省人の間では明らかな隔たりと対立があったのにもかかわらず、歴史的な偶然のなかで、否応なく相手との社会関係の形成と融合がはじまった。とりわけ、学

校教育、職場における生活経験の共有、そして交友、通婚は、これまでの社会生活に存在していた省籍間の壁を、次の世代で徐々に破壊していった。個々人の意志に関係なく、本省人と外省人は歴史の流れの内に、同じ政治体の下で生活する運命共同体となっていったのであった。大陸を撤退してから台湾と中国の間で長期的な断絶があったこと、異なる発展のプロセスを経たことで、台湾の人々が、かつてない国民間の「社会的連帯」（social solidarity）を産み出す契機となった。国民政府の実効的に支配する範囲である台湾、澎湖、金門、馬祖は、日常的な政治のなかで、一つの国家の版図へと想像されていったのである。これらの実効支配している地域に居住する人々（外国人を除く）は、必然的に「国民」を規定する地理的範囲となる。いわゆる「国民が享受する権利及び義務」のなかで、選挙権、被選挙権、及び憲法が保障する公民権、法律の適用範囲および納税、兵役の義務というものは、これらの「国民」のみに適用されたのである。国民政府は大陸を含んだ全中国を代表する政府であると主張し、象徴的な物（たとえば、「中華民国地図」）ではなるべくこの主張を裏付けるように作成されていた。だが実際には、大陸の人民は台湾の公民権を享受しておらず、いかなる義務も課されていなかった。国民政府が台湾に移転して以降、毎年出版している「中華民国統計概要」と十年おきに行われる「国勢調査」の範囲は、これら実効支配地区とその国民に限られていた。

こうした共通の経験から、本省人と外省人は文化的、社会的に距離がありながらも、「国民」意識の共有という新しい社会的連帯が生み出されたのである。これは後の「族群の想像」に、必要不可欠な文化的基礎を提供することになるのである。

第四節　一九七〇年代以後の反体制運動の挑戦

一九七〇年代以降の国内外における情勢の変化によって、本省人の「マイノリティ族群意識」は新たな展開を見せるようになった。この新たな動きは、外交上の挫折を味わった台湾が国連脱退に追い込まれた一九七一年より始まった。大陸反攻という目標は、国民政府が台湾に撤退し、守勢にまわってから二十年の間に、ますます実現不可能なものとなった。さらに、中華人民共和国の国際外交での中国代表権獲得運動も、一九六〇年代末には徐々に効果をあげてきていた。こうした衝撃の下、国民党が元来掲げていた「法統」は、徐々に根本から蝕まれ、失われていった。こうした情勢をうけて、台湾内部では絶えず民主化の訴えの下、政治参加の拡大が要望されてきた。たとえば、一九六〇年代の雑誌『自由中国』による政党結成の企て、一九七〇年代の『大学雑誌』による民主改革の要求などである。国民政府への挑戦がはじまると、国民党の一党独裁を合理化するための政治神話は次々と疑問視され、打ち崩されていった。国民政府はこの一連の民主化要求によって、一九七二年以後「中央公職人員増加定員選挙（国民大会代表および立法委員の増員）」の実施を余儀なくされた。

台湾化に向けた運動は一九七〇年代中頃以降、戦後世代の登場によって台湾政治の自由化と民主化に向けた改革を要求した。一九七五年、新世代の党外人士（民進党の成立まで政党に準じる民主運動を行った反体制勢力。政党結成が非合法化されていた状況における反国民党の政治家や民主活動家の総称）は最初の党外雑誌『台湾政論』を出版し、これは台湾化に向けた民主化運動の象徴的な出来事となった。この時期にはかつてない、二つの重要な進展が見られた。

第一に、民主化の訴えには「平等な公民権」という概念がすでに包含されており、そしてこの平等な公民権が実施される地域が、国民政府が実効支配する「台湾・澎湖・金門・馬祖」を範囲としているということである。国民政府が台湾に撤退した後、台湾には「中央政府」と「地方政府」という二重の政治構造が作り出された。中央政府と中央民意代表（立法院、国民大会）は、政府と共に移転し、外省人政治エリートのコントロール下に置かれ、現地の人々による定期的な選挙でのチェックアンドバランスを受ける仕組みになっていない。一方で、地方の県、市政府のレベルにおいては台湾人民（本省人と外省人を含む）の定期選挙が認められた。したがって、一九七〇年代以前の台湾人は、総統や立法委員、国民大会代表、ひいては、台湾省主席、（行政院直轄市と昇格した後の）台北市長を自分の一票で選択することができず、要職はすべて国民党によって任命されていた。当時、反体制運動のエリートが、政治権力を獲得できるのは地方だけであり、中央の権力構造には介入する隙が無かった。さらに国民政府は、地方派閥に対する囲い込みも徹底して行うことで、地方権力の大半も国民党籍の本省人が手中に収めたのである。一九七二年の中央公職人員増加定員選挙の実施は、台湾の人々が中央の権力構造に参入する端緒となった。一度増加定員選挙を認めれば、政府は「国家の実効支配地域」と「掲げる国家範囲」との差、そしてその差をどのようにして解決するのか、という問題を広く開放せねばならなかった。

写真３　『台湾政論』創刊号表紙

第二に、一九七〇年代中期以前の本省人地方エリートの多くは、個人単位で活動を行い、他地域のエリートとの横の連携をほとんど取ってはいなかった。一九七二年以降の中央民意代表増加定員選挙は、地方の県、市レベルを超えた選挙区制度を採用していたことにより、候補者は当選するために地方の範囲を越えた協力関係、あるいは支持基盤を築きあげる必要があった。

一九七二年、一九七五年の立法院増加定員選挙においては、台湾省の

写真４　『美麗島』創刊号表紙

二十の県・市を六つの選挙区に分割し、そこに台北市、福建省を加えた合計八つが選挙区となった。一九八〇年にはさらに高雄市を加えて九つの選挙区となった。この選挙制度の設計は、当初、組織動員に長けた国民党が選挙で組織を持たない党外人士に負けないように計画されたものであったが、これはかえって党外人士の結合と連携を促進させることになった。一九七七年の五つの地方公職人員選挙のなかで、各地に分散した「党外人士」が初めて全島的に連携し、立法委員の黄信介と康寧祥が全島を巡回して応援演説を行った。この時期について研究する李筱峰は、この選挙後「党外はもはや過去の異議分子として孤立した存在ではなく、次第に一種の『政治集団』の原形を形成していた[4]」と指摘している。一九七八年の立法院増加定員選挙のなかで、党外の政治集団は「台湾党外人士助選団」を結成し、「十二大政治建設[5]」を全台湾の党外候補の共同政見として提出した（この選挙は結局、「米華（台）断交」のニュースが入ってきたため、実行は延期された）。一九七九年八月、党外政治集団は雑誌『美麗島』の第一号を出版し、政治理念と組織形成の基礎を築いた。雑誌『美麗島』は単に雑誌の域にとどまらず、台湾各地方に支部を設立し始めた。第四号（十一月刊行、最終号）の裏表紙に表示されたように、全台湾の各地にはすでに十一箇所の支部（基隆、桃園、台中県、台中市、南投県、雲林県、台南県、台南市、高雄市、高雄県、屏東県）を設置し、全台湾各地の九十一名の著名な党外人士が「編集委員」として名を連ね[6]、茫洋としながらも、全島的な政治集団がかすかに出来上がっていった。

公民権利の概念と組織構造の二つの変化は、台湾を範囲とする「族群の想像」と、本省人の「マイノリティ族群意識」を発展させる反体制運動にとって、決定的な意味を持っていた。「二・二八事件」の後、国民政府は事件が全台湾に広がったことをかんがみて、台湾社会に強力な統制を加え、あらゆる全島的な組織の存在を全く認めなかった。地方選挙においては、非国民党籍の議員が相当な支持基盤を有していたが、各地に分散し、組織とイデオロギーにおける横の繋がりが希薄であったために、影響力をもつ一つの大きな力に凝集することができなかったのである。この状況は、一九七〇年代後期に重大な変化を遂げる。雑誌『美麗島』による全島的な組織を通じ、全島に散在していた反体制派が類似した思考を持つ人々と接触できるようになり、これまでの考え方の相違を乗り越え、一致した反対理念と共通認識を形成していった。党外雑誌『台湾政論』（一九七五年）と『美麗島』（一九七九年）は、国民党への反対意識の形成と宣伝の上で重要な役割を果たした。台湾の民主改革を呼びかけるこの二冊の政論雑誌のなかでは、「国会全面改選」と、「本省人の政治参加機会の不平等」は、最も頻繁に登場した議論である。そこに込められたメッセージとは、「反乱鎮定動員時期」という非民主的な政治制度の下、本省人は政治権力上で法律的、制度的な差別を受けている、政治上のマイノリティであるということである。この二つの訴えは、国民政府が長きにわたって台湾人の介入を許さず、政治的にタブーとされた課題、「省籍矛盾」に対する直接的な挑戦である。さらに重要なのは、反体制派が地方レベルの政治運動を超えて「台湾全土」を政治的舞台の範囲として考え始めたということである。「国家の公民はみな平等な政治権利を有するべきである」という概念に基づき、反体制派は「あらゆる本省人全体」を政治動員、あるいは族群間の不平等性を啓発する対象と想定するようになった。

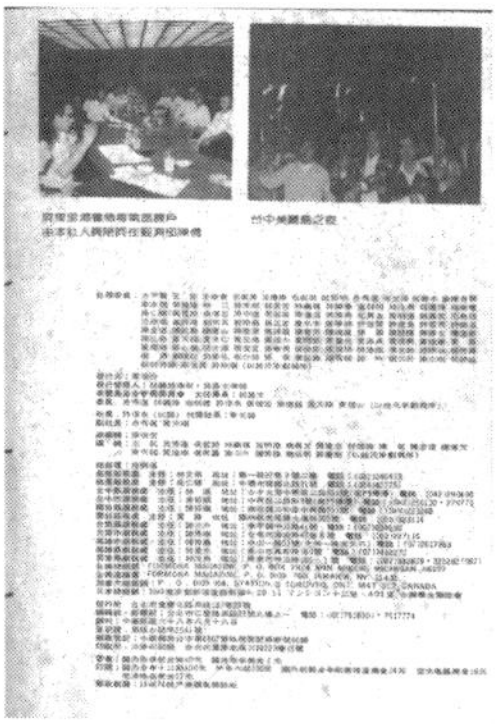
写真５『美麗島』雑誌第４期裏表紙

そのため、一九七〇年代以降、台湾新世代の反体制運動が「民主化」を求めるなかで、これまで存在しなかった新しいタイプの集団分類が次第に産み出されていったのである。これは「現代における族群分類の想像」法と名付け、以下にかかげる三つの特質を内包している。

①族群の区分＝台湾社会のなかで、人々は異なる祖先（あるいは、台湾に移り住む時期の違い）によって、異なる文化集団に分類することができる。
②族群の平等＝各集団間には文化的な差異があるが、優劣の区分はなく、それぞれの文化集団の構成員は、政治、経済および文化を含む平等な公民権を有するべきである。
③族群に対する国家の義務＝国家は異なる文化集団の構成員に対し、政治、経済、社会と文化における機会上の平等を保障する義務を有する。

このうちの、二つ目と三つ目は、公民の観点から自己と他者の文化集団の関係を思考するもので、これまでにはなかった特質である。そして、この三つの特質から、自らが不平等な待遇を受けていると感じるマイノリティの方が、「族群の想像」を受け入れやすいし、それを発展させる可能性も高いのである。右の族群の想像にもとづいて、ある集団が当該「文化集団」に所属しているために差別を受けていると認識すれば、族群の集団行動を通じ、国家に対し、この差別的状態の改正を要求するかもしれない（これはマイノリティ族群の「族群意識」の内容である）。これは全く新しい発明ではなく、彼らが主張する多くの要素は、国民政府が遷台後、長きにわたって掲げてきたものである。たとえば、台湾人は中華民族の末裔であり、民主的で平等であるということである。反体制運動の従事者はただ、「本省人」／「外省人」の間に存在する文化的、政治的差異について、前述した想像を理論の枠組みとして用い、民主化と台湾化を要求した。そのため「族群の想像」は民主化要求の副産物であったと言える。

しかしながら、この新しい「集団分類の想像」は、既存の集団分類の想像と競合し、すぐに受け入れられたわけではなかった。当時、「族群の想像」が最初のライバルは「民族の想像」であった。一九七〇年代の外交上の挫折と「国難」という差し迫った環境の下、国民政府が長い間「反乱鎮定動員時期の『中国ナショナリズム』」を唱道してきたことにより、人々はすでに「民族の想像」と国家による民族主義の動員に慣れていた。国民政府の宣伝の下、民族の生存を追求する「民族の利益」は、公民権の平等を求める「個人の利益」よりも優先度の高いものとして描かれたのである。そこで「民族の存亡」という大義名分は、公民権の「一時的な剥奪（反乱鎮定時期）」と民主化要求への抑圧を正当化するために用いられた。

民主化要求に対抗するため、国民政府は当時、動員とキャンペーンを行った。ここでは二例を挙げる。一つ目は、学生運動の容認に関する論争事件である。一九七〇年代初期、台湾本土化運動がまだ形を持たない時期に、『大学雑誌』は民主化運動の主要な活動舞台であった。一九七二年、『大学雑誌』は陳鼓応による学生運動容認を呼びかける文章を掲載した。すぐに『中央日報』は「孤影」と名乗る作者が書いた「一小市民の心境」を連載し、『大学雑誌』に反論した。後に中央日報社はこの連載を単行本として出版し、学校で指定図書となり、学生にはレポートが課された。孤影の文章は、現在の社会の平和と安定の大切さを呼びかけ、国家の非常時に民主化、とりわけ学生運動の解禁を叫ぶことには、態度を保留しながらも反対を表明していた。[7]孤影の身分は明かされていない〔二〇〇四年、文章発表当時に会社員であった敏洪奎という人物が名乗り出た〕。彼が国民党の要人である証拠はないが、国民党の機関誌でもある『中央日報』がこの文章を大々的に宣伝し、少なくとも二〇万冊以上の単行本を発行し、学生に読ませ、レポートを書かせたことから鑑みれば、少なくとも孤影が国民政府の立場と一致していたことは疑いないであろう。

二つ目は「南海血書」の寓話である。一九七五年、南ベトナムが北ベトナムに併合されたことは国民政府に大きな衝撃を与えた。南ベトナムと台湾はともに共産党政権の脅威を受けていたが、その南ベトナムの陥落は国民政府にとって、反乱鎮定動員時期の国家イデオロギーの重要性を大いに宣伝し、民主化要求を押さえつける絶好の機会となった。そして「南海血書」によるプロパガンダはこうした思惑を表したものであった。いわゆる「南海血書」

とは、南ベトナム陥落後に難民として海上を漂流した阮天仇が、接岸したサンゴ礁にて鮮血で書き上げ、ホラ貝の中に入れて残した遺書であり、この遺書は漁民に発見され、朱桂らによって翻訳され、公開されたそうである。この「南海血書」は、南ベトナムの陥落が南ベトナム国内の「民主人士」によって引き起こされたと指摘していた。つまり、彼らが民主の名を借りて社会秩序を乱した結果、南ベトナムは自壊し共産党の手に落ちたというのである。民主人士は陥落前に海外脱出することができたが、多くの人々は国内で苦難を強いられるか、ボートピープルとなって外国へ逃げ出すしかなかった。「南海血書」も国民党に重視され、学生は強制的に読まされた(8)。一九七八年、行政院長に就任した孫運璿は、この「南海血書」から、当時広く知られた名言を残した。

我々は今日、自由のために戦う闘士として行動しなければ、明日我々は海上に漂流する難民と成り果てるであろう。

国民政府は民族の自由と存続のために、個人の民主的権利を暫定的に犠牲とすることを強調した。なぜならば、民主化は容易に「野心分子」「社会秩序を攪乱する」口実となるためであった。大陸陥落の教訓もすぐ近くにあったからである。

この二つの事件は、いずれも国民政府が「民族主義」の感情（「民族の想像」）を用いて、日ごとに高まる民主化要求を封じ込めた例である。当時の両岸関係は引き続き内戦状態にあり、民族主義は反対運動が主張する「民主化」の正当性をかなり押さえ込んだ。それは当時、民主化の要求が、民族の利益を超えることのできる、「不公正」を訴える土台となる普遍的な価値をうまく作り出せなかったからである。国家の安定や民族の存亡のため、「一時的」に個人の自由を部分的に犠牲にするべきという国民党の主張は、現実に合致した道徳的要求と考えられていたようである。こうした政治環境に加え、人々の多くは「民族の想像」をごく当たり前として捉えていたため(9)、反対運動が民主改革を求める過程のなか、一九七九年に高雄で発生した「美麗島事件」（『美麗島』雑誌主催のイベントをきっかけとした反体制勢力への弾圧）で当局の鎮圧を受け、党外エリートが大量に逮捕された際、民意の支持を拡大することができず、重大な挫折を味わったのである。これに関わって、「民主」という価値観に従って、族群間の平等を要求する「族群の想像」は、当時の民族主義、国難という社会的雰囲気の下で、「偏狭な地域主義」として定義され、押さえ込まれ、台湾社会のなかで普遍的に受け入れられる概念とはならなかったのである。

第五節　一九八〇年代以後の反対運動の挑戦

台湾の「族群の想像」は、反対運動のもう一つの流れに乗って、徐々に成長した。「美麗島事件」の挫折によって、反対運動はしばらくの間沈静化していた。美麗島事件後の軍法裁判と裁判中に発生した林義雄一家殺害事件(10)は、人びとに反体制エリートの犠牲の意味について考え直す契機となったが、実際に反対運動の再出発を導いたのは、外的な政治環境の変化と、反体制エリートによるこうした変化に対する意味づけが成功したためである。

一九八〇年代、経済の変遷と社会構造の変化によって、国民政府が行った威圧的な統治と民意を無視した政策決定方式は、次第に人々の生活に対応できなくなっていた。そして、一九八〇年代初期の台北第十信用組合事件（一九八五年、台北第十信用組合の不正融資と不良債権問題が発覚し、経営陣の逮捕と閣僚の辞任に至った）という経済犯罪事件、江南事件、環境破壊、消費者問題などが、これまで国民政府が自画自賛していた「万能な政府」の威光を損なうことになった。当初、国民党は権威主義的な統治が行政の効率化をもたらし、台湾経済の奇跡を生み出したという主張を行ってきた。しかし、その主張は破綻に瀕していた。なぜなら、一九八〇年代に行われた各種の社会運動[11]は国民政府に対する恨みを描き出したためである。政治的な点について見れば、国民党は国会選挙を凍結し、大陸で選出された各省の代表によって法統を維持し続けてきたが、こうした万年議員が衰え、死んでいくなかで、国民党は法統をどのように維持していくのかという問題に直面した。外交的な面では、中華民国と国交を結んでいる国は日を追って減少し、中国を代表しているという台湾政府の主張と現実との乖離はますます深刻なものとなった。こうした外的環境は、反対運動に有利に働き、国民政府の中国ナショナリズムに挑戦する新たな論理の構築に追い風となった。

こうした好機が到来したが、党外陣営も多くのリーダーが「美麗島事件」で逮捕されたため、指導者層が空洞化していた。新世代の党外エリートが立ち上がり、雨後の筍のように出版された党外雑誌が、様々な運動の形態（「街頭群衆運動」に対して、「議会選挙」路線）と新たなイデオロギー（急進的な「台湾ナショナリズム」に対し穏便な「民主改革」）を掲げることで競って人々の支持を獲得し、反対運動陣営の指導的地位を勝ち取ろうとした。一九八六年、党外陣営は美麗島事件後の内部調整を行い、戦後台湾初めての野党「民主進歩党」が成立し、反対運動の挑戦は新たな幕を開けた。一九八〇年代前半、反対運動陣営中の「大衆動員」と「台湾ナショナリズム」を強調する急進派は、当時の政治的現実のなかで吸引力を有していた。また、道徳のレベルでも国民党の中国ナショナリズムに対抗できる政治理想を示しているとして、次第に反対陣営の中で優位を獲得した。

国民党の「中国ナショナリズム」に対抗するため、大衆反対運動が一九八〇年代より「台湾ナショナリズム」を構築し始めた。党外雑誌と運動のなかで、何度も議論を重ねたことで、台湾ナショナリズムは次第にはっきりとした形になってきた。この主張が示すのは、台湾の人々は過去数百年の間、外来政権の統治を受けつづけ、自らの運命を決定する力を有してこなかったということである。国民党も台湾人民を抑圧するひとつの「外来政権」であり、「台湾人」が立ち上がって外来政権に対抗すべきだという。外来政権を打倒することで、初めて政治的に自分達が主役となることができるのである。台湾ナショナリズムを掲げる民進党が強調するのは、台湾という土地に愛着を持つ人は皆、台湾人であり、本省人、外省人の区別無く団結し、抑圧者である国民党に対抗しようというものである。しかし、こうした台湾ナショナリズムは、本省人の歴史と文化経験に基づき構築されているため（特に文化の面での抑圧を受けた意識）、主に本省人の政治的境遇への自己認識に影響を与えていた。[12] 民進党は次のように指摘している。これまで国民党の官僚の任用における省籍の偏重、長期の一党独裁によって作り出された非民主的権力構造、台湾本土の文化への、とりわけ言語政策上の抑圧された本省人に、政治的、文化的に大きな差別を受けさせるようになった。一九八〇年代中期に民進党が掲げた「台湾ナショナリズム」は図６に示す要素を包含している。

　このような考えは、民進党の成立後、十二名の野党議員がはじめて国会に登院したことで、国会の場で討論される問題となった。一九八七年三月、民進党籍の立法委員、呉淑珍は行政院長の兪国華に対して省籍問題に言及し、回答を求めた。[13] 兪国華院長の回答は新聞報道を通じて、省籍問題に関する人々の幅広い議論と注意を引き起こした。一九四七年の「二・二八事件」以来、台湾内部ではじめて省籍矛盾に関する大規模な学術討議が引き起こされた。[14] 民進党成立後、省籍間の不平等問題は、民主化と台湾化をめぐる政治要求の背後にある、暗黙裏の大きな力となった。この時期の「国会全面改選」要求の高揚と、台湾文化ブームの出現に伴って、「本省人」が過去の政治、文化上で差別を受けてきたという考え方は本省人の間では異端視

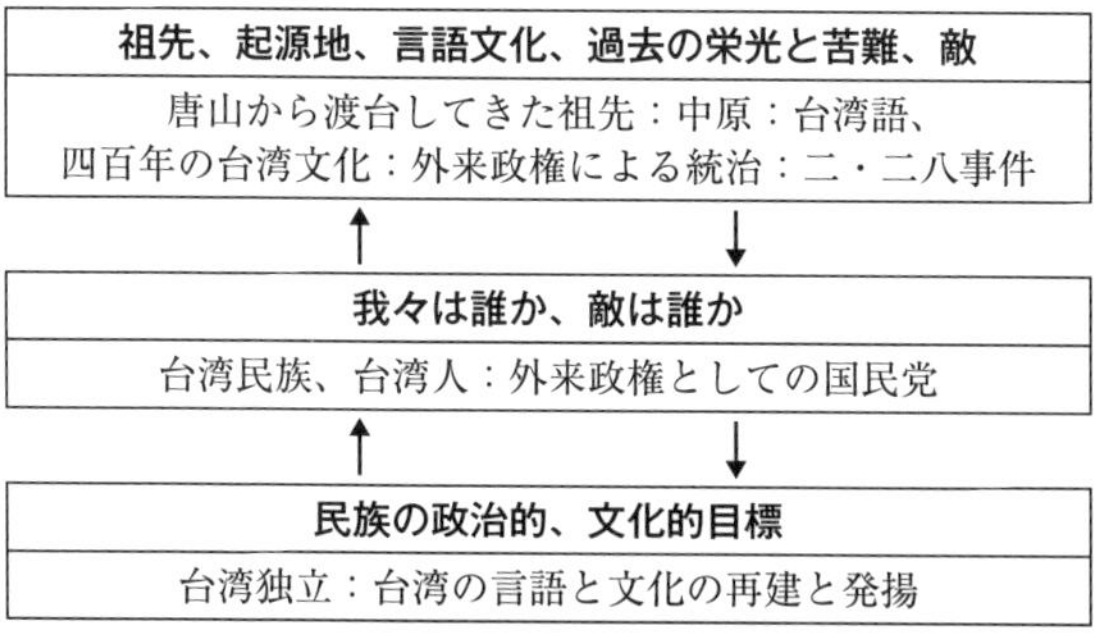

図６　一九八〇年代中期の民進党の台湾意識下の民族の想像の内容

王甫昌（1996）、p186より加筆

から、共通認識となってきた。本省人たちは、かならずしも民進党が掲げる「台湾ナショナリズム」的な歴史記述や現状認識と位置づけ、未来の青写真（台湾の独立）に賛同しているわけではない。しかし、国民党が長期にわたって政治権力を独占し、国会の全面的な改選を見送ってきたため、「少数の外省人に政治権力を握られている」という民進党の主張が一九八〇年代以降は広く受け容れられることになった。同様に、国民政府が長期間、中華文化と中国史を強調したことで、台湾本土の歴史と文化を無視し押さえつけてきたという民進党の主張も人々に普遍的に受け入れられていった。これらは「外省人」に対する「本省人」マイノリティ意識の形成にプラスに働いた。

それゆえ一九八〇年代、民進党による反対運動は、本省人の族群運動を目標としたものではなく、「政治の民主化」「台湾化」を目標としたものであったが、当時の政治構造と環境の下、反対運動は本省人の族群意識を高揚させ、結果として族群運動を生み出すことになった。

以上は「外省人」に対する「本省人」マイノリティ意識形成の歴史過程と内容である。一九九〇年代以前、「本省人」と「外省人」は台湾社会で最も注目され、重要視された「族群分類」、族群意識であった。

民進党の民主化運動が作り上げた「族群の想像」を通じて、人々は台湾島には自分と同じ「省籍」を有した者たちがおり、国民政府の政治的、文化的構造の下、権利を奪われたマイノリティになっているとのイメージを抱きはじめた。他人との関係性を捉えようとするこの想像は、省籍という共通する文化的身分を有するゆえに、ともに差別を受ける結果となったのだとの認識に直結した。そのため、この想像の範囲を決めたのは主に差別を共有しているとの意識である。こうした関係を共有する「同一族群の構成員」は、祖先の故郷が同じであり、同じか似た言語、そして近似する風習を同時に共有している。しかし、本当にわれわれ意識を生み出す要となるものは、「現在」の境遇である。また、こうした「共通の境遇」上、他のメンバーは運命共同体であるとの考えを生み出せる。そのため、日常生活では省籍の相違が次第に薄くなり、本省人の間でも社会的、経済的な差異が存在しているにもかかわらず、本省人の外省人に対する政治文化上の差別感は「本省人」という「想像」に重大な影響を与えたのである。

ここまでは、「本省人」の「外省人」に対する政治、文化上のマイノリティ意識発生の背景と内容について説明した。ここでは、ひとたび、この「族群の想像」が現れ、野党の政治運動と結合することで、過去の省籍による差別的な政治構造の社会的意義を変化させるものとして、必然的に「族群の想像」は模倣と学習の対象になっていく。

以上、一九八〇年代以降「省籍の区分」が再び重要な集団分類となった過程について考察してきた。ここまでの分析からわかるように、族群の分類、あるいは想像とは、直接的に過去の「文化的相似性」によって生み出されたものではない。社会には多くの文化的差異が存在し、潜在的に族群の分類法と成り得る。しかし、重要で、意義ある分類となるには以下の要素も必要である。第一に、文化的身分に重なる差別的境遇、第二は、従来の分散した状況より有利な、全体としての差別を改善しようとする社会運動組織の出現である。この組織の出現は、族群が置かれた差別の状況を説明する論理を示すことで、族群分類の構築にとって、決定的な重要性を帯びている。

以下では、現在の台湾社会で普遍的に受け容れられている、ほかの三種の族群分類の想像が出現した時期と状況を実例に、本章でまとめた本書の主張を説明していきたい。

【注】

（1）これらの事件の討論と報道について、次のものが参考になる。Zehan Lai, Ramon Hawley Myers and E Wei, *A Tragic Beginning: The Taiwan Uprising of February 28, 1947* (Stanford University Press, 1991). 李筱峰『戦後初期台湾的民意代

表』自立晩報、一九八六年、二〇三～二〇六頁。これに関する記述と描写はこの他の多くの書籍のなかで散見される。

(2)三十二カ条の要求の具体的な内容については、前掲の李筱峰（一九八六年）を参照されたい。

(3)「中華文化復興運動」の発展とその過程については、楊聡栄『文化建構与国民認同』（国立清華大学社会人類学研究所博士論文、一九九二年）が参考になる。

(4)李筱峰『台湾民主運動四〇年』自立晩報、一九八七年、一二七頁。

(5)「十二大政治建設」の内容については、李筱峰の前掲書一二八～一二九頁を参照。

(6)雑誌『美麗島』の創刊号刊行の際、裏表紙には支部を表示せず、編集委員もわずか六一名に過ぎなかった。第二号刊行の際は、九箇所の支部の住所、電話番号、主任名、および八一名の運営委員の名前が記された。第三号には、すでに一一の支部、および編集委員が八二名いた。以上は各号の『美麗島』の裏表紙を参照した。

(7)孤影『一個小市民的心声』中央日報社、一九七二年、および、陳鼓応「解放学生運動」『大学雑誌』第四九期、一九七二年、六四～六八頁を参照。

(8)朱桂ら訳『南海血書』中央日報社、一九七九年。および林濁水「拙劣的越南寓言―剖析「南海血書」的真相」『八十年代』第一巻第一期、一九八〇年、四五～四九頁。

(9)「自由主義者」と自任する学者によって編集された『中国論壇』の誌上にさえ、一九八二年に「地域概念の問題の正視」という省籍の不平等に関する特集が設けられた。しかし、そこでは相変わらず中国ナショナリズムの概念を前提として、「省籍」を「地域意識」と捉えていた（『中国論壇』第一五六号、一九八二年三月二五日）。

(10)一九八〇年二月二八日、軍法裁判中に、美麗島事件で逮捕された林義雄の自宅で母親と双子の娘が侵入してきた何者かによって殺害され、長女だけが重傷を負いつつも一命をとりとめた。この国内外に広く知られた事件は未解決となっている。

(11)蕭新煌と張茂桂の研究によれば、一九八〇年代台湾の社会運動の流れのなかで、少なくとも二十二種類の社会運動が起きて

いたとされる。蕭新煌「台湾社会運動の性格」、徐正光・宋文里編『台湾新興社会運動』収録、巨流図書公司、一九八八年、張茂桂「民間社会、資源動員与新社会運動――台湾社会運動研究的理論志向」『香港社会科学学報』第四号、一九九四年、三三～六六頁を参照。

(12) 王甫昌「族群意識、民族主義、与政党支持――一九九〇年代台湾的族群政治」『台湾社会学研究』第二期、一九九八年、一～四五頁。

(13) 呉淑珍の質疑のタイトルは、「台湾人に対する差別政策の放棄、台湾に永久に真の民主と平和を」、(『立法院公報』第七六巻第二四号、二七～三三頁)である。これは省籍問題として初めて公的に議論がなされたものではない。一九七五年党外雑誌『台湾政論』第二号のなかで、姚嘉文が公務員試験中の「省籍配分」規定の公平性について質問し、当時行政院長だった蔣経国と人事部の官僚たちは新聞を通じて公に説明せざるを得ない事態となった(王甫昌「台湾反対運動的共識動員――一九七九―一九八九年両次挑戦高峰的比較」『台湾政治学刊』第一号、一九九六年、一二九～二一〇頁を参照)。たとえ国会での発言としても、呉淑珍の質問(一九八七年三月二五日)は、はじめてのものではない。それよりも少し早く(一九八七年三月一〇日)国民党の簡漢生(外省籍華僑選出立法委員、「運命共同体であり、省籍問題は消え去る」)、王寒生(外省籍の古参立法委員、「大陸籍の立法委員は結局どのように処理するのか?」)、呉徳美(本省籍の増加立法委員、「自省的視点から歴史問題考え、歴史的視点をもって未来の発展を見る」)がいずれも省籍問題を持ち出している(『立法院公報』第七六巻第二〇号、一四～一八、七二～七四、七九～八二頁)。これは、「二・二八事件」四十周年という背景に関係している。そのほか、湖南省の一区から選出された立法委員、段剣岷がさらに前の年(一九八六年六月四日)に省籍の問題に言及している(「行政院函送段委員剣岷第七七会期対本院施政報告質詢之書面答覆」『立法院公報』第七五巻、第四五号、一七二～一七四頁)。しかし、それらはその後の民進党の呉淑珍が提起した際ほどの社会的なインパクトは有していなかった。

(14) 一九八七年八月、中国論壇社主催の「『中国結』と『台湾結』」シンポジウムは戦後における台湾族群研究の先駆けといえよう（「『中国結』与『台湾結』研討会論文専輯」『中国論壇』第二五巻、第一号、一九八七年一〇月参照）。このほかの新聞メディアも討議に加わった。例として、雑誌『遠見』は一九八七年七月号で、「省籍は問題か」（「省籍是問題？」）を表紙のテーマとして、一連の報道と世論調査を企画した。

◉ 第五章　「原住民」と「漢人」の区分

戦後台湾社会で二番目に出現した族群分類は一九八〇年代に登場した「原住民」と「漢人」の区分である。読者は、この分類は「それ以前にもあったのでは?」と疑問を抱くかも知れない。現に、日本統治期の総督府も戦後の国民政府も、人口統計上、原住民（彼らを何族という名称で呼称するかは別にして）と漢人をはっきりと区別していた。やはり、この区分は昔から存在していたのではないのだろうか。

写真６　『番族慣習調査報告書』第１から５巻

台湾の原住民は「南島語族」（オーストロネシア語族：Austronesian）に属し、中国大陸に住む「漢人」とは体質の上で全く異なっている。文化的にも、漢人は農業を基礎とする文化と社会を営んでいるが、原住民は狩猟・漁業・採集・輪作を主な生産様式としている。このように、漢人と原住民では社会生活が大きく異なっていたため、漢人政権や総督府は、原住民を自らの社会から遠く離れていることを言葉で表現していた。それはたとえば、「番人」「蛮人」「高山族」「山地同胞」などであった。彼らは、漢人とは異なる「種族」、異なる「民族」として見なされていた。しかし、こうした「差異」は、漢人やオランダ人、そして日本人の視点から見た場合である。「原住民」も、自分たちと漢人の間には大きな違いがあると気づいていたが、彼らから見れば、現在では「原住民」とひとくくりにされる部族間での違いや区分が、漢人との相違と同様かそれ以上の意味を有していた。

「原住民」内部の差異もはっきりしている。日本統治初期の人類学者たちは植民地として新たに獲得した台湾と、台湾の風俗、習慣、文化を理解すべく、「臨時台湾旧慣調査会」（一八九五－一九一七年）を結成した。同会では、漢民族の旧慣に焦点を当てて出版された『清国行政法』『台湾私法』に加え、「蕃族科」を設置し、台湾原住民の大規模な調査を進めていった。この具体的な成果は『蕃族調査報告書』『蕃族慣習調査報告書』『台湾蕃族慣習研究』『台湾蕃族図鑑』、そして『台湾族誌』などの調査報告から見てとれる。(1) これら一九二〇年代に出版された調査報告書で、日本の学者は民族学と人類学の基準を用い、「蕃族」を八つに区分している。区分された部族間では、言語文化と社会制度に大きな違いがあるだけでなく、身体的な特徴も大きく異なっていた。戦後の国民政府も同様の分類法を採用し、原住民には「九族」（タイヤル・サイシャット・ブヌン・ツォウ・ルカイ・パイワン・プユマ・アミ・ヤミ）が存在することを認め、さらに近年では日月潭付近のサオ族を承認し、現在の台湾原住民は「十族」で構成されている。

もし、「原住民」内部に大きな文化的、社会的な差異があり、地理的にも分散しており、共通語すらない（原住民族の間の共通語というのは、以前は日本語であり、現在は国語〈中国語〉である）ならば、彼らはどのようにして自らをひとつの「族群」として認識したのだろうか。一九八〇年代以前、台湾の原住民は、現在言われているような「汎原住民アイデンティティー」というものをもち得なかった。過去、原住民のアイデンティティーと集団としての帰属は主に、自らの部落、家族であり、最も広域なものでも自分の「部族」、すなわち総督府が作り出した八または九の部族であった。清朝政府と台湾総督府は、原住民を彼らの居住区域に封じ込める政策を採用したため、彼らは日常生活で、一部の統治者（清朝の官員もしくは日本統治期の警察）以外には他者と接触する機会をほとんど持たなかった。居住地付近に侵入する漢人との接触は多くとも、他の部族の「原住民」との接触は少なかった。こうした状況では、「タイヤル族」の原住民が、「サイシャット族」や「パイワン族」のとの間に共通点や関係があるのかを想像することは不可能だった。原住民から見れば、「高山族」、「高砂族」、もしくは「山地同胞」という区分は、統治者が便宜的にまとめただけの「統計上のカテゴリー」に過ぎず、自らのアイデンティティーを構成する上で意味を持たなかった。

しかしながら、一九八〇年代以降、台湾では「原住民運動」が生まれ、「原住民」をマイノリティ族群のアイデンティティーとして利用するようになった。では、「原住民アイデンティティー」の生成は、どのようなプロセスで発展してきたのであろうか。

第一節　マイノリティとなった原住民

原住民の立場から歴史を振り返れば、原住民と漢人の権力関係は、過去四百年で大きく変化してきた。一六二四年のオランダ統治以前、原住民は台湾「唯一の主人」（もしくは尹章義の『台湾開発史』において称されている「蕃人マジョリティ」）であった。これは、一九三〇年の「霧社事件」（霧社のタイヤル族による大規模な抗日蜂起事件）によって、マジョリティからマイノリティへと転落していった。歴史学者の尹章義は、原住民の歴史には、一、蕃人社会、二、蕃人優勢・漢人劣勢、三、蕃人と漢人の拮抗関係、四、漢人優勢、五、漢人社会という五つの段階が存在していると指摘している。(2) また、人類学者の謝世忠も、台湾社会における原住民の位置は、以下の五つの段階を経てきたと指摘している。

一・唯一の主人＝一六二〇年代以前、オランダの台湾統治以前

二．大多数の主人＝一六二一～一六六一年、オランダとスペインが台湾を部分的に統治した時期
三．半数の主人＝一六六一～一八七五年、鄭成功と清朝による台湾統治初期
四．少数の主人＝一八七五～一九三〇年、清朝統治末期、日本統治前半期
五．主人の地位喪失＝一九三〇年以降、「霧社事件」の後[3]

この過程のなか、台湾を武力によって征服した外来政権に、原住民は土地を奪われ、生活方式も破壊されていった。清朝統治期、熟番（平埔族）〔平野部に住む原住民族〕は広大な土地、財産を有していた。清朝が台湾での行政を開始した際、台湾は「化外の地」とされ、漢人の密航や海賊の取締を行うなか、「屯田」政策を採用し、平埔族に地租を課すことで、兵糧を確保した。それぞれの番社には蕃租・屯租・兵糧が設られけ、平埔族は生蕃や漢人密航者の取締に利用された。

しかし、統治上の必要に応じて、清の番地政策も変化した。熟番を利用して漢人の入植を取り締まり、生番と漢人を牽制した「番地封禁隔離政策」と「番屯」は、多重地権概念に基づく「番大租」「漢人租佃制」（熟番地）政策へと移行することになった。この移行は、漢人移住者の増加による土地需要の増大に対応するためのものであり、漢人は番地を借り受けることができるようになった。しかし、法令が改正されて以降の三十年間で、平埔化した番社の土地の多くが漢人に奪われることになってしまった。[4]日本統治期になると、原住民（「高砂族」）は高山地帯と花東海岸の縦谷平原地区の土地しか持てなくなってしまったのである。

過去数百年間、「原住民」は台湾において常にマイノリティであった。しかし、原住民の各部族と部落は、それぞれに固有の文化と社会経済構造を有していたため、台湾光復以前は、原住民は自らの置かれている社会的、経済的不利益を原住民全体の問題へと発展して理解するには至らなかった。だが、その後の国民政府の原住民政策は

「山地を平地化する」（山地平地化）という同化政策であった。[5] この同化政策は、原住民の伝統文化を破壊する一方、原住民を漢人主体の経済体系に組み込み、経済的に困窮させ、多くの原住民青年が部落を離れざるをえなくなった。しかし、原住民居住区は漢人社会から遠く、開発の遅れた地域が多く、教育環境も劣っていた。それゆえ、都市に移入した原住民は教育面で漢人に劣り、漢人主導の経済システムのなかでは、都市底辺の労働市場へ進出する以外に方法はなかった。

原住民の教育レベルは、一般的な漢人と比較して低く、高等教育修了者も漢人に対して少ない。原住民運動者による長年の努力、そして政府による優遇と補助政策によって、一九九九年には原住民の高等教育修了者は三パーセントに達したものの、その割合は漢人の三分の一に満たない（表3参照）。原住民の教育レベルの低さは、原住民居住区の教育資源が欠乏している事を反映しており、教育システムに組み込まれた漢人を中心とするイデオロギーが、原住民児童、生徒の学習にとって心理的な障害をもたらしていることを示している。

表3　台湾の十五歳以上の全体平均と原住民の教育レベル比較（1999年）

単位％

教育レベル	国民全体の平均	原住民
小学校以下	28	39
中学校	17	22
高等学校	10	17
商業・工業高校	23	13
高等専門学校	12	6
大学／それ以上	10	3

行政院原住民委員会編『八十八年台湾原住民就業状況調査報告』10頁

学歴は現在の台湾では社会的、経済的地位に大きく影響するため、原住民の教育レベルの低さは、その社会的、経済的地位をさらに不利な状態に置くことになる。政府の統計によれば、原住民の平均収入は漢人の六割程度しかない。表4は一九八五年から一九九六年、政府による原住民の経済生活状況調査の結果である。この調査によれば、都市に移住した原住民の平均収入も漢人の七割弱ほどであり、居住区にとどまる原住民（いわゆる「平地原住民」もしくは「山地原住民」）の平均収入は漢人の五割から六割程度に過ぎない。

表４　台湾原住民の平均個人所得と台湾人全体との比較

年度	山地原住民	平地原住民	都市原住民	台湾人全体平均
一：平均年収				（単位：元）
1985	42,989	45,012	50,311	74,626
1991	92,117	96,524	112,586	155,713
1996	109,980	120,893	157,480	234,735
二：台湾人全体平均に対する原住民の収入比率				（単位：％）
1985	57.48	60.32	67.42	100
1991	59.15	61.99	72.29	100
1996	46.85	51.50	67.09	100

出典：一．台湾省民政庁編『民国八十年台湾省偏遠地区居民経済及生活素質調査報告（第一輯山地・平地・都市山胞部分）』82-83 頁
二．台湾省原住民事務委員会編『民国八十五年台湾省原住民経済及生活素質調査報告』
三．台湾省主計処編『中華民国八十五年台湾省家庭収支調査報告』22 頁

教育および経済的格差以外に加えて、原住民の伝統文化も徐々に消失の危機に直面している。若い原住民の多くが部落を離れ、都市で就学、就業したため、多くの原住民青年が漢人社会の生活に適応していくなか、彼らは自らの伝統文化への想いを失いつつある。一九九五年頃に行われた調査では、都市に移入した原住民家庭で使用される言語は、国語（中国語）が六十パーセントを占め、母語は三十五パーセント程度に留まっている（表５参照）。

社会的、経済的地位の格差以外にも、漢人のなかにある「原住民」に対するマイナスイメージが、原住民の社会的劣位を際立たせている。過去に、原住民運動者が批判していたのは、教科書とマスメディアが生み出している原住民へのステレオタイプである。教科書で取り扱われていた「呉鳳神話」は、漢人の呉鳳が自らの命と引き替えに、原住民の「首狩り」儀式をとり止めさせたというものである。この物語は、多くの原住民学生をはずかしめ、自らの文化と伝統に羞恥心を抱かせていた。その他にも、マスメディアでは、ドラマや報道、さらにバラエティ番組のなかで、無意識のうちに、原住民を「身体壮健だが単細胞で能天気な蓄財を知らない酒好きでビンロウ好きな劣等民族」というイメージを人々に植え付けていた。原住民への偏見は、漢人が原住民への差別を社会

表5　都市における台湾原住民の家庭内の主要使用言語

単位：%

	母語	国語	閩南語	客家語	日本語	その他	サンプル数
地区別							
北部地区	23.37	73.40	2.22	0.32	0.45	0.24	13,158
中部地区	22.80	67.05	8.17	1.99	−	−	2,461
南部地区	28.91	65.53	5.02	0.05	0.38	−	3,922
東部地区	61.02	37.08	1.24	0.17	0.17	0.33	9,037
部族別							
アミ族	44.68	51.35	3.15	0.47	0.08	0.27	17,832
タイヤル族	19.83	77.30	1.93	−	0.93	−	4,815
パイワン族	24.21	72.15	1.97	0.49	1.17	−	2,643
ルカイ族	16.75	81.80	1.46	−	−	−	412
ブヌン族	40.80	56.68	1.12	−	−	1.40	1,071
サイシャット族	−	96.12	−	3.88	−	−	361
ヤミ族〔タオ族〕	7.69	92.31	−	−	−	−	130
プユマ族	20.16	75.67	4.17	−	−	−	1,488
ツォウ族	1.61	88.35	10.04	−	−	−	249
全体	35.80	60.49	2.80	0.38	0.31	0.22	29,001

内政部統計書編『中華民国八四年台湾地域／都市原住民生活状況調査報告』1997年、60、62頁。

的に合理化するため手段となり、漢人たちの多くは「原住民が台湾社会で劣位にいるのは、彼ら自身の文化及び社会風習が、現代社会に適合できず、とくに資本主義の倫理に適合できないためであって、彼らが漢人から不公平な待遇を受けているからではない」と信じ込むにいたった。

こうした崩壊状況はまさに、原住民運動が変えようとしたものである。原住民学者の孫大川は次のように指摘している。

「改姓名、母語喪失、伝統祭典の退廃、文化風習の衰退、社会制度の瓦解に加え、都市化以降『貨幣論理（Money Logic）』の誘惑と外来宗教により、六〇年代以降の原住民は『民族アイデンティティー』と文化的象徴をすべて失い、『自我』は完全に崩壊してしまうことになる。これは原住民の一九七〇年代の焦りであり、つねに『自分たちは何者か』を問い続けねばならなかったということである[6]」。

こうしてみると、これまでの考察と引用した政府の統計資料、もしくは「原住民」が直面する諸問題を巡る議論、そして「原住民」という呼称も、ほとんどは一九八〇年代以降に出現してきたものであることに気付く。つまり、「原住民」アイデンティティーと「族群意識」は、原住民運動が生み出した結果なのである。しかし、どのような社会的状況が、「原住民運動」を出現させ、この運動を核として台湾の「汎原住民」アイデンティティーを構築させたのだろうか。

第二節　台湾政治反対運動の政治環境への影響

現在の研究者と原住民運動家の共通認識では、台湾原住民運動の形成は、一九八〇年代初期の一連の組織的動員の成果である。つまり、一九八三年に台湾大学で原住民エリートが『高山青』を創刊し、つづいて一九八四年の「党外編集作家連絡会」が少数民族委員会を組織し、さらに同年一二月に「台湾原住民族権利促進会（原権会）」が成立した時期である。(7)「原住民運動」の主旨は、原住民に対して絶滅の危機感を喚起することにある。原住民運動からいえば、部落間の文化とアイデンティティーの差異を超え、いわゆる「（汎台湾）原住民アイデンティティー」の確立が重要であった。国民政府の同化政策のもと、原住民社会は漢人経済体制に組み込まれ、若い世代は国語教育を受け、それによって「国語」という共通言語が生じ、また高等教育機関で部族を越えて原住民が繋がる機会を得た。これらが汎原住民意識を発展させる重要な要因になっていったのでる。

特に注意しなければならない変化は二つある。第一に、戦後国民政府の教育システムで成長した新世代の原住民青年は、この時期に大学に進学したということ。第二は一九八〇年代における学外の政治環境ということである。高等教育機関は都市に集中し、キャンパスには全国各地から異なる部族の原住民青年が集まることになる。この時期も部族間で文化的、社会的な相違は存在していたが、原住民エリートは早くもより重要な問題に気付いた。それはつまり、「漢人社会」に接する際の不平等問題は「原住民」という身分が根源にあり、これに比べると、部族間の差異は微々たることのように思われたのである。どの部族も「原住民」というだけで、台湾社会では似たような成長体験と差別を経験している。そして、この共通の経験は、「汎原住民」アイデンティティーの形成と強化に役立った。このようにして、原住民の「族群の想像」は形成されていく。原住民エリートは、見たこともない多くの人々、各地に散在する「原住民」が、自分たちと同じように「原住民」であるために社会で差別されていると気付き始めた。「原住民」には共通の言語がなく、マジョリティの言語（国語）でやっと意思疎通を図れるが、長らく差別的境遇に置かれたことで「利害の一致する」運命共同体のなかにいるとの意識が生み出されていった。大学のキャンパスで原住民エリートたちは出会い、交遊を重ね、組織化していった。原住民運動組織化の土台となった『高山青』の出版が台湾大学の原住民学生によって始められたということも不思議ではない。

原住民エリートによる意識形成の進歩と、初歩的な運動組織の形成以外にも原住民運動の発展に大きな影響を与えたものがある。それは、当時の党外運動であった。一九七〇年時点で、もし党外運動が政府と衝突せず、美麗島事件以後の党外人士が抑圧に反発しなければ、かつての高圧的な政治環境は改まらず、人々は憲法の保障する公民権の回復を主張することなく、結果として原住民の学生も原住民運動を行うことなく、立ちあがろうともしなかっただろう。これらの大学生は部族のエリートであり、高等教育への進学が厳しいなか、自分を守ることは当然であり、自らを犠牲にする運動に参加することは容易なことではなかった。こうして、党外運動の政府への挑戦は、原住民マイノリティ族群の権利意識を刺激するだけでなく、抑圧的な政治体制の正統性が揺らぎ、現在はその体制を変革するチャンスであり、成功の可能性が十分にあると認識させたのである。

さらに、党外運動が原住民運動を支持、協力したことで、原住民運動組織が必要としていた政治的資源を獲得することにつながった。一九八四年、「党外編輯作家聯誼会」が少数民族委員会を設立し、党外雑誌に原住民コラムを設け、定期的に原住民運動を鼓舞する文章を掲載するようになった。ではなぜ、党外運動は原住民のアイデンティティーと運動を発展させることに協力したのだろうか。党外運動の「競争戦略」を踏まえると、「美麗島事件」の挫折以後、党外運動は戒厳令下で形成された政府への怒りを表面化するため、形成されつつあった各種の社会運動と連携し、「互相掩護、分進合撃（相互援護、手分けして進撃し共闘する）」という戦略を採ったのである。こうして、当時の党外運動は各種マイノリティ運動を支持したのである。原住民運動だけでなく、環境保護運動、反原発運動、労働運動、フェミニズム運動のいずれもが党外運動の支持対象となった。

このほか、党外運動が原住民運動を支持した理由として、「イデオロギー上」の理由がある。当時の党外運動の急進派は、国民党の中国ナショナリズムが打ち出した「台湾人はすべて中国人である」という理論に対抗すべく、原住民のアイデンティティーを鼓舞することで、台湾人の多くは血縁的、文化的に「中国人」ではないと強調したのである。つまり、原住民、平埔族（漢民族化された原住民）がいて、漢人の移民が平埔族や原住民の女性と通婚したことで（初期には家族の台湾渡航が禁止されていたため）引き継がれた末裔がいるというのである。これは「台湾ナショナリズム」の発展のプロセスにおいて、血縁的、文化的に独自性を持った文化体系を構築する重要な作業でもあった。

こうした社会的条件は原住民運動の中核となる運動組織「原権会」の誕生を促すことになった。

原住民運動が現れた後、政府への一連の抗議運動が起こされてくるなかで、しだいに「汎台湾原住民族」の族群（民族）(8)意識とアイデンティティーが凝集され始めることになる。原権会による、原住民意識凝集への努力は、何度か動員された抗議運動のテーマから垣間見ることができる。

写真７　原住民雑誌『山海文化双月刊』1994 年

一、正義の旅──「呉鳳神話」打破運動（一九八七年）
二、「原住民族権利宣言」の発表（一九八八年）
三、三度にわたる「土地を返せ」運動（一九八八、一九八九、一九九三年）
四、「正名」運動と「憲法条款」運動（一九九一、一九九二年）(9)

これらの運動は、いずれも「原住民」全体を抗争の主体として動員したものである。「呉鳳神話」にかかわる原住民は、阿里山付近に居住するツォウ族である。しかし、この神話は「原住民」と「漢人」の間の「文明／野蛮」という差別化された関係に起因したものであり、全ての原住民の風習に関わる問題として取り上げられたのである（ただし、大多数の原住民文化の中には「首狩り」の風習などない）。原住民運動が試みたのは、ツォウ族のみでなく、全ての原住民に対して漢人が抱くマイナスのステレオタイプへの抗議であった。原権会の組織と、抗議運動を通じて、原住民が、自らと他の原住民が繋がっているという「族群の想像」を始めたのである。

原住民運動から発展してきた「原住民」という意識は、「漢人」と対比的に存在するものであった。原住民に共通する漢人からの抑圧の経験は、原住民内部にある部族同士の違いよりも重要で、原住民が結集して解決すべき問題であると考えた。原住民運動者は、政府に対して部族が各々政治要求を行えば少数者の意見となり、国家にとって資源の投入が経済的効果に見合わないという問題が生じるため、政府との交渉には勝算がないと認識していた。原住民の人口は最も少ないヤミ族（タオ族）で約四千人、最も多いアミ族も約十五万人である。次に多いタイヤル族も、約十万人であり、個別的には非常に小さい。しかし、原住民全部を合計すれば四十万人近くになり、台湾総人口の一・七五パーセントを占め、少なくともかなりの数を有していると考えられる。これならば、政策上の経済的合理性にも適合し、文化的特質性の保存を主張することができ、政治的な駆け引きを行う上で有利となる。

原住民運動の訴えが示した問題は、漢人と接触した際、原住民は文化（言語・教育・姓名）、経済（土地・労働）、政治（山地行政）的に、生活レベルの上で様々な差別や侮蔑を受けたということである。原住民が受けてきた差別の普遍化と、原住民と漢人間に存在する顕著な差異は「原住民は漢民族ではない」という理由の根拠となった。さらに、一九九〇年代以降「原住民族自治」の要求（これは「憲法追加条項」運動のなかでの重要な要求）が登場することになる。この要求から見てとれるのは、原住民の族群意識は実際にはすでに「民族意識」のレベルにまで発展しているということであろう。原住民運動家にとって、台湾における「主要」な族群は二つしかない。一つはシナ・チベット語族の集団（つまり漢人）で、もうひとつはオーストロネシア語系の集団（つまり原住民）だ、ということである。[10] こうして、多くの原住民は、漢人のなかに福佬人、客家人および外省人の違いを区別することができ、原住民の部族の言語でも異なる漢人族群を指す語彙があるにもかかわらず、漢人社会の原住民への搾取や偏見に直面したときには、相手が福佬人か客家人か、外省人かは関係ないのである。重要なのは、彼らがどれも「漢人」（もしくは漢民族）ということなのである。

こうして、原住民の族群意識の形成は、同化政策によって漢人の経済、社会体系に組み込まれていく際の、漢人からの文化的、社会的、経済的、政治的差別に抵抗するための認識と集団行動の結果であった。

【注】

(1)中央研究院民族学研究所がすでに『番族慣習調査報告書』から第一巻の「泰雅族」(一九九六年)、第二巻「阿美族・卑南族」(一九九八年)、第三巻「賽夏族」(二〇〇〇年)、第四巻「鄒族」(二〇〇一年)、第五巻「排湾族」(二〇〇三年)の中国語訳を出版している。

(2)尹章義『台湾開発史研究』聯経出版社、一九八九年。

(3)謝世忠『認同的汙名』自由晩報出版社、一九八七年。

(4)柯志明『番頭家:清代台湾族群政治与熟蕃地權』中央研究院社会学研究所、二〇〇一年。

(5)孫大川「夾縫中的族群建構:泛原住民意識与台湾族群問題的互動」蕭新煌編『敬告中華民国』日臻出版、一九九五年。

(6)孫大川前掲文、二一三頁

(7)高徳義「与黄昏搏闘:原住民運動初探」『山地文化』第二号、一九九一年、三頁。夷將・抜路児「台湾原住民運動発展路線之初歩探討」『山海文化双月刊』第四号、一九九四年、二二〜三八頁。孫大川「夾縫中的族群建構:泛原住民意識与台湾族群問題的互動」前掲書。孫大川「一個新的族群空間的建構:台湾泛原住民意識的形成与発展」游盈隆編『民主鞏固或崩潰―台湾二十一世紀的挑戦』月旦出版社、一九九七年、謝世忠『認同的汚名』(前掲書)。

(8)原住民が自らを一つの「族群」とみなすかどうかについては、様々な見解が存在している。一九八四年に原権会が成立した際、国民政府から押しつけられた「山地同胞」という呼称に対抗すべく「台湾原住民族」という自称を主張した。「原住民」と「原住民族」というのは、原住民運動者が長期にわたって行ってきた「台湾原住民正名運動」の努力のもとで勝ち取った呼称である。台湾社会がこの呼称を認めたことは、一九九四年の憲法改正で追加された条文中、「原住民」の呼称が公文書で長期間使用されてきた「山地同胞」に置き換えられた点にはっきり表れていた。第1条(国民大会代表の定員規定:「二、自由地区では平地原住民および山地原住民の各三名」)、第3条(立法委員の定員規定:「二、自由地区では平地原住民および山地原住民の各三名」)、および第9条(各マイノリティ集団権益の保障と促進:「国家は自由地区の原住民の地位および政治参与に対し、保証しなければならない。その教育文化、社会福利、および経済に対し、公的な援助と発展を促進しなければならない」)である。一九九八年の憲法改正で、「原住民族」という呼称は、はじめて追加条文のなかに組み込まれていった。第一〇条の一部分は原住民の各種権益を提起している。「国家は、多元文化を肯定し、原住民族の言語および文化を積極的に保護、発展させる。国家は、民族の意思に従って、原住民族の地位、および政治参加を保障し、教育、文化、交通、水利、衛生、医療、経済、土地、社会福祉事業を保障し、その発展を促進しなければならない。その実施に関しては別の法律によってこれを定める」。このことで、憲法中に「原住民」と「原住民族」の二種類の呼称が併存する状態となったのである。

(9)夷將・拔路兒「台湾原住民運動発展路線之初歩探討」、前掲書。

(10)孫大川「行政空間与族群認同:以台湾原住民為例」中央研究院民族学研究所「文化政治与歴史重建研討会」論文、一九九一年、三頁。

◉第六章　本省人における「閩南」と「客家」

戦後台湾社会に現れた第三の対比的な族群分類は、「福佬人（閩南人）」と「客家人」の区分であり、おおよそ一九八〇年代中期以降に登場した。この「客家アイデンティティー」という「族群の想像」が出現した時期について、読者は「客家人」というカテゴリーとアイデンティティーは、もっと早くから存在していたのではないか、なぜ一九八〇年代以降に出現したと言うのか、を疑問に思うだろう。

一九八〇年代、客家文化運動の登場によって生み出された客家アイデンティティーとイマジネーションは、その社会的意義と、対応するカテゴリーについて、それ以前の客家アイデンティティーとは大きく異なっていた。筆者は、一九八〇年代以降の客家アイデンティティーを「汎台湾客家アイデンティティー」と呼称する。現代の汎台湾客家アイデンティティーは、文化的、歴史的に過去の客家アイデンティティーとは類似性と連続性を有しているが、それらがもつ社会的な意義と性質は重大な変化を遂げているために、両者を同列に論じることはできない。具体的には、汎台湾客家アイデンティティーとは、約三百年前の台湾に渡ってきた客家人の末裔が、台湾社会での歴史経験（清朝期、日本植民統治期を経た）と、現代での様々な社会的要求と圧力の下で発展させてきた新しい「族群の想像」である。それは大陸の客家人のアイデンティティーと異なるだけでなく、戦後台湾に渡航した「大陸の客家人」とも異なるものである。実際、「台湾の客家人」と「大陸の客家人」は互いに異なる考えを持ち、「大陸の客家人」は台湾客家文化運動のなかに含まれるとは考えられていない。「大陸の客家人」の自己アイデンティティー、そして「族群の想像」は「外省人」に近く、台湾の人々も彼らを「客家人」ではなく、「外省人」と見なしている。そのため、現代台湾の汎客家アイデンティティーは、客家の歴史的、文化的伝統を受容しつつも、現代台湾社会の

写真８「義民信仰と客家社会」両岸三地学術シンポジウム

生活経験と環境の方が、新しいアイデンティティーの形成に、より大きな影響力を発揮しているのである。

以下に一つの例を挙げ、この部分で回答すべき問題を示す。

二〇〇一年一二月三日から四日にかけて、国立中央大学客家研究センター主催で「義民信仰与客家社会——両岸三地学術研討会」というシンポジウムが開催された。この台湾主導で開催されたシンポジウムでは、台湾、香港、および大陸から客家研究者（研究者本人が客家人とは限らない）たちを招いて、「義民信仰」と「客家社会」の関連について討議した。このシンポジウムでは、台湾人研究者の論文だけが両者の関係について詳述しており、香港と中国からの論文はテーマから外れたものとなっていた。つまり、広義の「客家研究」と、わずかに関連するもの、あるいは「義民」についての概説的なものがほとんどであり、「義民信仰」と「客家社会」の関係については論じられていなかった。シンポジウムのこの中心的なテーマについての議論は、本題に則った台湾人学者の論文発表の際には少しなされたが、議論に加わったのは、いずれも台湾側の研究者と参加者であった。つまり、香港と中国からの参加者は、シンポジウムのテーマに対して十分な知識を有してはいなかったのである。

この事例を挙げる目的は、香港、中国の学者と研究のレベルを問題視するためではない。むしろ、これらの地区の客家研究者が「客家研究」を行う上で、共通した問題意識を有しているわけではないということにある。すなわち、シンポジウムのテーマとなった「義民信仰」と「客家社会」との関連は、現代の台湾客家人に特有の現象であったといえるのだろう。すなわち主催者は、台湾客家人にみられる義民信仰の社会的意義を、たとえ客家語のできる「中国の客家人」や「香港の客家人」といえども、台湾での生活経験をもたない外国人には理解することを期待してはいけなかったし、問題意識の共有を期待すべきではなかった。戦後台湾に移住した「大陸の客家人（外省人）」は、台湾で生活して五〇年になっても、義民信仰の社会的背景を理解できたとは限らないし、まして外国人にはなおさら理解できないだろう。

「義民信仰」は、現代台湾の客家研究の重要なテーマとなっており政府と学術界が「国際シンポジウム」を開催して討論したほどである。その現象については、台湾客家人が台湾で経験した「族群の相互関係」の歴史と客家文化運動の現状から理解していく必要がある。

本章で明らかにしたい問題は以下の二点である。

一、なぜ「義民信仰」は現代台湾客家社会のなかの重要な文化要素となったか。

二、客家文化とアイデンティティーの歴史は長いが、戦後台湾「客家人」と「閩南人」が、同化の方向に進んでいたなか（以下の討論を参照）で、なぜ一九八八年に「客家文化運動」が出現したのか。

一つ目の問題は「客家文化運動」と台湾客家アイデンティティーのなかの重要な歴史と文化の要素に関係し、「義民爺信仰」がなぜ重要となったのかという問題である。二つ目の問題は客家文化運動が「どのようにして立ち上がったのか」という問題である。台湾の客家人は、地理的には集中しているが、北部（桃園、新竹、苗栗地区）と南部（高雄、屏東地区）といった二大居住地区が、地理的に隔絶している。そのなかにはさらに「四県」と「海陸」という異なる客家語なまりを使用する群、あるいは地区が存在する。こうした互いにつながりを有さず、言語的に差異を有する集団が、どのような状況で「汎台湾客家アイデンティティー」が必要だと感じ、形成することができたのだろうか。

一つ目の問題に回答するには、客家人の台湾での歴史経験を整理する必要がある。

第一節　客家人の台湾での歴史経験

「客家」という言葉は、「客は他郷に住み、もって家となす」という一節に由来する。「客家」という言葉とアイデンティティーは、台湾移住以前より存在していた。羅香林の研究によると、客家人は歴史上、五度の大移住を経験している。(1) 第一回目は、五胡十六国時代（東晋より隋唐に至る時期）に、河南の中原地区より南方に向けた移住であった。清代台湾の客家移民は、四度目の移住を経験した客家人であり、主に広東の恵州、潮州、嘉応州、および福建省西部の汀州府より渡ってきた人びとである。

一六八四年、清の康熙帝の海禁令解除後、嘉応州の客家人が大挙して台湾に移住した。彼らは早くから台湾に移住してきた福建移民と田畑や土地、水をめぐって争った。そのため、客家人と福佬人の関係は緊張したものとなった。しかし、客家人と福佬人との間に大規模な「分類械闘」を生じさせる契機となったのは、一七二一年（康熙六〇年）に発生した朱一貴（漳州府人）の抗清事件である。朱一貴は客家人の杜君英の協力で清朝政府の台南府を攻め落とした。しかし、杜君英が自分の子を王にしようと目論んだために民衆の怒りを買い、逆に朱一貴を王に擁立し、閩南・客家の衝突が起こったのである。杜君英は敗走し、閩南軍は勢いに乗じて拡大した。この瀬戸際の状態で、高雄・屏東地区の客家人は郷里を守るために団結し、七軍を組織して閩南軍と高雄・屏東にまたがる渓谷で戦った。これによって朱一貴の閩南軍は敗れ、さらに清軍の追掃によって瓦解した。高雄、屏東地区の客家人もこの民間軍事組織を「六堆」と称し、永続的な軍事組織とした。清朝は六堆の客家人に、閩南軍鎮圧の功績により「義民」の称号を与えた。反乱鎮定のために来台した藍延珍も清朝政府に広東人の来台制限を解除するよう要請し、広東の恵州、潮州、および福建の汀州府の客家人が大量に渡ってくるようになった。

清朝は積極的に台湾の経営を行わなかったために、官吏の腐敗が人々をしばしば反乱へと駆り立てた。清朝は民間の武装勢力を利用し、閩／客、漳／泉、生番／熟番の対立を煽ることで互いに牽制させ、社会秩序を維持した。これによって、異なる集団の間で長きにわたる分類械闘が発生した。注目したいのは、清朝は反乱者の出身によって、懐柔する対象を決定するので、朝廷を助け、反乱鎮圧の功績を有する「義民」は客家人だけでなく、漳州と泉州からの閩南人も含まれていたということである。

日本の統治が始まって後、六堆は日本に抵抗したために切り崩されていった。分類械闘は法的規制から二度と起きることはなかったが、閩客の隔たりと敵意は依然として根深いものがあった。総督府が行う人口統計では、漢人（本島人）は祖籍に基づいて閩、客に分けられた。しかも、清朝統治期に分類械闘と械闘後の清郷が頻発したため、同じ祖籍を持つ人々は集住し、福佬、客家間に芽生えた敵意は消えることがなかった。そのため、総督府は台湾の行政区画を定める際に、注意して両者を分けた。このように、日本統治期でも客家人の集住は依然として顕著であり、言語と文化、そして族群の維持には有利に働いた。そのため、日本統治期には福佬、客家の区分は人々が生活する上で引き続き重要な社会的意義を有し、福佬と客家間には交流や通婚も稀だったのである。

注意すべき点は、日本統治期の行政区画が、閩客を考慮したものでありながら、人々は統治者によって規定された行政単位を生活単位として捉えてはいなかったということである。台湾北部における客家人居住地、桃園、新竹、苗栗地区では「義民廟」の祭祀圏によって三つの生活圏に分かれていた。一つ目の地区は、最北部、桃園県の中壢、平鎮、龍潭の「十三大庄」。二つ目は、中間の楊梅、新屋、観音と新竹県枋寮の「十五大庄」。三つ目は、苗栗県の六つの郷の祭祀圏である。それぞれの祭祀圏に属する庄では、年一回の義民爺祭祀の仕事を当番制で担当していた。これらの祭祀圏は総督府が規定した行政区画と異なるものであった。最近発表された呉中杰の研究によると、上述した三つの祭祀圏では、どの圏域の内部においても同じ客家語を使用し、南北両地区では四県のなまりを用い、中間地区では海陸なまりの客家語が使用されていたと指摘している。[2] しかし、中国大陸の同じ地域を祖籍に持ち、共通の祖先がいるという理由で、現在でも同じ客家語を使用しているわけではなく、義民廟の祭祀を当番制にすることとで、地区内の住民と生活するなかで連携する必要が生じ、次第に共通語としての客家語のなまりを発達させていったのである。これら義民爺の祭祀圏の範囲は過去、客家人自身が認めた社会生活上の範囲であり、あるいは彼らのコミュニティの想像の範囲であった。彼らは実際に助け合って見張りをし、必要な時、すなわち械闘が生じた場合には、武装集団ともなりえた範囲であり、これは南部の高雄・屏東地区の六堆地区も同様である。

しかし、なぜ台湾の客家人は「義民爺信仰」をコミュニティ凝集のシンボルとして考えているのだろうか。すでに述べたように、清朝政府が「褒忠」、あるいは「義民」という称号を授けたのは、客家人に限ったことではなかった。しかし、客家人は台湾の三つの漢人集団（漳州、泉州、客家）のなかで、人口が最も少なかった（表1、日本統治期の資料を参照）。このために、清朝政府は積極的に客家人を懐柔した。歴史に残っているかぎり、清朝期には六十回の大規模な分類械闘があった。このうち「閩粤械闘」十九回、「漳泉械闘」十七回、「姓氏械闘」十五回、「その他の械闘」九回であった。[3] 六堆地区の客家人は、永続的な武装集団を組織し、朝廷から与えられた「義民」という称号を制度化した。

重要なのは、連横（連雅堂）が日本統治期（大正一〇年、一九二一年）に『台湾通史』を執筆した際、台湾民族史観を打ち出し、清朝期の反乱を、民族意識を背景とした「武装蜂起」事件であると見ていたことである。この民族史観の下、朝廷に協力して反乱を鎮定した「義民（客家人かどうかに関わらず）」は、異民族の政権を助け、漢民族の武装蜂起を鎮圧する「共謀者」とみなされたのである。そのため「義民」という概念は、実際には「不義」ではないか、という疑問が提起された。連横の祖籍は福建（福佬人）であり、閩客の緊張状況の下で「義民」史観への問題提起は、客家人を侮辱するものとして認識されたのである。「義民信仰」はそのため、台湾客家人の「閩客対立意識」下で、重要な文化的シンボルになった。これと同時に、閩南人も客家人との差別化のなかで、祖先が受けた「義民」や「褒忠」という称号を受けたことを忘れ、強調することはなかったのである。

そのため「義民信仰」は客家社会の重要な文化要素となり、台湾に移住した客家人が過去三百年の間に台湾社会で経験した歴史経験の結果であるといえるだろう。

第二節　戦後「閩客の区分」の希薄化

第二次世界大戦後、台湾は中華民国に復帰した。いくつかの要因から、過去の「閩客の区分」は希薄化していった。まず「閩客の区分」は、別の集団分類によって取って変わられた。すなわち、本省人と外省人の区分である。台湾「本省人」と新しく台湾に渡ってきた「外省人」の関係が対等ではなく、本省人が外省人から差別を受けているとの感覚を抱いたため、「省籍の差」はすぐに人々が注目する新しい区分となった。結果として、福佬、客家間の差異は「本省人」対「外省人」という「省籍」の差異に抑えこまれてしまった。閩南語と客家語がいずれも方言とみなされ、台湾在来の文化（山歌、戯曲）も国民政府の抑圧を受けた。国民政府が閩客の複雑な関係性を理解しても、政治人事上は、閩客の間の均衡を意識的に維持していた。たとえば、桃園、新竹、苗栗地区では、閩南、客家を交互に首長とするか、特定の背景をもつ人士に首長や地方議会の議長を担当させていた(4)。しかし、あらゆる中央政府と国家文化政策のなかで、閩南人と客家人は同じ差別を受けた。そのうち重要な変化は、一九六六年以降の国勢調査では、漢人の祖籍区分が抹消され、客家人、福佬人という人口統計上のカテゴリーが「本省人」という省籍カテゴリーによって消されてしまったということである。一方で人口統計中の本省人と外省人の区分は一九九二年に「戸籍法」が改正されるまで消えることはなかった。

次に、台湾で一九六〇年代以降進んだ都市化と工業化によって、多くの客家人は伝統的な客家村（客庄）を離れ、就学、就労のために都市へと向かった。中央研究院が毎年実施している大規模な社会調査をみると、客家人の半数以上は、現在「客家村」に居住していない（全台湾の三五九箇所の市町には五九の「客家村」があり、現在でも八割以上の人口が客家人である）。都市の客家人は、人口が少なく、経済的な差別から逃れるべく大半が「客家人」という身分を隠している。そのため、文化上で優勢である国語と人口上で優勢な福佬語を含む他の優勢族群の言語を学習して使用していた。子どもたちにも国語教育の重要性を強調し、客家の言語と文化を維持していこうとする動きは少なかった。しかも、都市に分散して居住したことで、客家語を学習し使用する環境は不足し、さらに政府が推し進めてきた国語政策は、客家語を「方言」として規制したために、都市で成長した多くの第二世代は次第に客家語を使用する能力と習慣を失っていった。

徐正光と蕭新煌が一九九〇年代前半に行った台北地区の客家人の客家語使用状況についての調査報告によると、子どもが客家語を流暢に話せると認識している割合は、すでに半分にも満たない。詳細な結果は表6のとおりである。

資料によると、台北地区の四十歳以下の客家人のうち、客家語を流暢に話すことができるのは半分程度である。また、夫婦いずれも客家人である家庭は七〇パーセントであり、ほとんどの通婚家庭では客家語で会話が行われていない。また、夫婦や子どもとのコミュニケーションに関わらず、客家語を使用している家庭は二〇パーセントにも満たない。被調査者の客家人が職場で使用する言語は、六八パーセントが北京語、二八パーセントが閩南語、わずか四パーセントが客家語である。二人の研究者は客家語が一部の家庭で限定的に使用されており、公共の場では国語（北京語）か閩南語が用いられるために、客家は「透明族群」となっているということを発見した。被調査者は若い世代が客家語を喪失しつつある要因として、「上の世代の努力が足りない」と指摘した。また大多数の被調査者が母語教育とメディアでの母語番組の放送について賛成しているのである。

族群の同化という観点から見ると、少数族群言語と文化がマジョリティによって代替されることは、融合と同化が進行していることを象徴している。それならば、なぜ逆に族群意識が甦ったのだろうか。

第三節　客家アイデンティティーの復活
——客家文化運動の出現

一九八〇年代、党外運動が鼓吹した「本土化」の刺激のなかで、多くの客家人は自らの言語と文化が喪失しつつあるという危機に向き合いはじめた。客家人と福佬人は言語的、文化的にも、国民政府の文化政策によって同様の抑圧を受けたことで、一部の客家人は党外運動を支持し、「本省人」の族群分類の想像のもとで、福佬人と足並みをそろえて「台湾文化の復興」という目標を追求していた。しかし、この協力関係は客家文化運動の出現で分裂へと向かったのである。

客家文化運動が立ち上がった重要な条件は、台湾全体の客家人を範囲とする「客家の想像」の出現である。過去の台湾において、客家人は集中して居住していたが、台湾全体から見れば分散していた。客家人は三つの大きな居住地域を有し、それは中北部の桃園・新竹・苗栗地区と南部の高雄・屏東地区の六堆、さらに東海岸平原の一部（図7を参照）である。三大居住地間での連絡

表6　台北地区客家人の、子女の客家語能力に対する評価

使用能力	割合（%）	小計（%）
とても流ちょう	17.9	50
まあまあ出来る	31.3	
あまり流ちょうではない	15.0	20
全く流ちょうではない	5.6	
聞き取れるが、話せない	17.9	30
聞き取りも、話すこともできない	12.3	

徐正光、蕭新煌「客家族群的『語言問題』—台北地区的調査分析」『民族学研究所資料彙編』第10期、1995年、1-40頁

図７　客家村の地理分布図
出典：中央研究院民族学研究所「台湾地区社会変遷基本調査」

はなかったうえ、それぞれの地区の村落では、地理的に隣接する一方で、祭祀圏やなまりの差異によって隔てられている。「義民廟」の祭祀圏では、日常生活をともにするなかで、各自の当番を有し、他の祭祀圏とは関係を有さない。まさに原住民の部落と同じように、客家村落もその数が多く、いくつかの地区に比較的集中してはいるが、社会関係上は独立しており、わずかに家族や血縁関係でのみつながりを有している。この分布形態と集団の関係は「汎台湾客家」アイデンティティーの出現には不利であった。

写真９『客家雑誌』第１、２期表紙

　しかし、一九八〇年代以降、台湾の新興宗教の興隆によって寺廟間のつながりと参拝が盛んに行われるようになった。台湾文化復興の急激な高まりのなかで、台湾的な宗教集団も新興宗教に続いて、盛んに活動するようになった。一九八八年八月一九日から二一日まで、台北市は義民祭典活動を挙行し、同年一二月四日から二二日にかけては、新竹枋寮義民廟が創建一百周年記念式典を行い、台湾各地の二十五の義民分廟の主神「義民爺」が、主廟である新竹枋寮義民廟に「里帰り」した。これら台湾各地に分散している、相互につながりのなかった「義民廟」も、この活動によってつながりをもつようになった[5]。義民廟の多くが伝統的なコミュニティに存在しているため、これは台湾各地の客家村落に居住していた客家人にとって、似たような文化的、社会的境遇におかれた客家人と接触する初めての機会であった。彼らは台湾各地にはまだほかにも客家人が存在していると意識し始める。これは「汎台湾客家」アイデンティティ

写真10　客家による「母語を返せ」デモ（許伯鑫／撮影）

ティーを想像するうえで、非常に大きな意味をもった。この祭典開催後、二週間もしないうちに、はじめて全台湾客家人の権利と利益を目的とした運動が起きることとなる。(6)

一九八八年一二月二八日、結成一年目の台湾の客家運動組織「客家権益促進会」は、「母語を返せ（還我母語）」運動を行い、台湾の客家文化運動が正式にスタートすることになった。この運動が打ち出した目標は、「客家語のラジオ放送、テレビ番組の解禁、二言語教育の実施、平等な言語政策の制定、放送法二十条の方言の制限という条項を改正し保障条項とすること」などの大きく三つの要求を含むものであった。(7) 客家言語を保護するというこれらの要求には、すでに客家人全体の「共通の文化的境遇」という想像を内包していた。しかし、客家文化運動家が指摘するように、この運動が鼓吹した「客家語」は当時、依然として共通認識を有していないバラバラなものであった。各地の客家語は異なるなまりと語彙についての異なる用法（海陸、四県）を有し、客家人もこれらの差異をかなり意識していた。もしも、テレビ放送で「客家語」を使用するとしても、いったいどこのなまりを用いるのか。客家文化運動家がまず向き合わなければならなかった問題は、元来の言語文化的な差異を克服し、一つの統一的な「客家語」を打ち立てることであった。このバラバラな言語環境のなかで、客家文化運動は、まず客家言語文化（なまりの違いに関わらず）が受けた社会的抑圧に反抗することを客家アイデンティティーが凝集する基礎とし、「彼ら（よそ者、抑圧者）とは誰か」を定義したのである。では、いったい誰が抑圧者なのか。

先に触れたように、「美麗島事件」後、党外運動は国民党の中国ナショナリズムに対抗するため、台湾ナショナリズム論を発展させることになった。「台湾ナショナリズム」を構築する上で不可欠なのは、「台湾民族」の独自の文化と言語、さらに歴史観について規定することであった。このプロセスにおいて、福佬人と客家人の間に存在する言語文化と歴史記憶の違いが分化を引き起こしはじめた。かつて連横が示した「台湾民族史観」が受け継がれるなかで、新世代の党外運動家は「台湾民族の言語」を規定する際、その大多数が使用している「福佬語」を、反体制運動における実践的な使用を通じて、「台湾語」として定義した。同様に「抑圧された本土言語」としての身分を有する「客家語」は「福佬語」と同等には重要視されなかった。一九八六年、民進党が正式に成立した後、一連の街頭動員活動が始められ、国民党の権威主義的統治に挑戦するようになった。これらの群衆運動の場合、使用される言語もまた運動の一部となる。国民政府による言語と文化を可視化するため、党外は「台湾語」の使用を堅持した。[8]しかし「客家語」は、「台湾語」の一種としては認められてはいないようであった。こうしたやり方は、同様に国民党政府によって「台湾人」あるいは「本省人」と区別された客家人をして、国民党の国語政策に加えて、党外運動の代表するところの閩南人からの言語的圧迫をも感じさせた。こうした感覚は、ひいては「母語を返せ」運動を触発する一因となった。[9]

その他にも「台湾民族」の敵を定める際に、党外運動家は清朝政府を台湾史上の「外来政権」の一つとみなした。台湾の清朝統治期に発生した民衆の蜂起は、外来政権に反抗する「義挙」として新しく解釈された。この新しい歴史観は、義民信仰と義民祭祀が客家社会とアイデンティティーに重要性な意義を有している点を無視したかのようであった。党外運動家のなかには、「不義の民」という言葉を用いて客家人の義民信仰の正統性を貶めるものもいた。[10]つまり、「義民」は客家人を貶める言葉となり、これに対抗する象徴として、客家人は自らの義民信仰を意識的に強調することとなった。

これらの政治的要因に加えて、長期にわたって客家人が閩南人に対して少数派であったために、社会のなかで身を潜め、「透明人間」を演じなければならないという認識と、客家語が消滅しつつあるという危機感などが、一九八七年からの客家文化運動を生み出した主要な原因なのである。このような背景から、現代の客家文化運動家は、現在の客家人と客家社会は四つの大きな問題に直面していると認識している。その問題とは以下のとおりである。

一、客家語の喪失と文化の消失という苦境。
二、歴史の再解釈、捻じ曲げられた客家人イメージとその歴史を取り戻すこと。
三、民主的に公平な政治経済体制を確立し、客家人の合理的権益を勝ち取る。
四、合理的な族群関係を新しく構築し、新しい社会秩序の基礎とする。(11)

これらの問題は客家人が自らを言語的、歴史的（義民に関する位置づけ）、そして政治経済的にもマイノリティ族群であると認識していることを反映している。なぜなら、客家人が人口的にはもちろんのこと、客家人の歴史は閩南人と同じく、文化的、政治的に「外省人政権」によって差別的な待遇を受けてきたためである。客家運動家からすれば、党外運動の民主化と本土化の挑戦は、客家人の地位と名誉を回復する機会を意味していた。しかし、台湾ナショナリズムにおける台湾民族の定義に関する議論は、客家人にとり、すでに客家文化とその歴史の記憶への圧迫の源になっているように感じられた。このとき、失望から引き起こされたマイノリティ意識は、過去の国民党の同化政策の圧迫に対する反発に勝るとも劣らないものだった。注目すべきなのは、客家人が歴史解釈の変更を要求した際に、その批判する対象は国民党による中国ナショナリズム的歴史観ではなく、民進党が進める「台湾ナショナリズム」に内包された福佬人の歴史観であった。

こうした状況のもと、客家人の「族群意識」は、「閩南人」という人数上のマジョリティに対抗する形で生み出されたものである。特に、一九八〇年代以降、本土文化復活の風潮が高揚するなかで、閩南語（福佬語）はその話者の多さから、すでに国語（北京語）以外のマジョリティ的言語となっていった。このような対抗意識のもとで、「客家人」アイデンティティーは「閩南人」と相対する際に、特に顕著になったのである。

この点に関して、以下では客家族群意識の高揚を表す指標を用いて説明していく。

一．現代の客家文化運動組織が出現した時期

一般的に、現代客家運動の端緒は一九八七年の「客家権益促進会」の結成と『客家風雲』雑誌の創刊であるとされている。客家文化アイデンティティーの歴史は長く、客家人自身も長期にわたって自らをマイノリティとみなしているが、客家文化運動が標榜する客家文化とアイデンティティー構築は、これまでの「透明化」、或いは「主流文化への溶け込み」のやり方とは全く異なる。これは、本省人族群意識を形成するプロセスの影響と、「台湾ナショナリズム」論ではあまり重視されてこなかった客家人の意識を反映している。閩南人族群意識を代表する民進党が出現したのち、客家文化運動の組織化が行われたが、これは民進党の出現という刺激が深く関連していた。

写真11　『台湾客家関係書目与摘要』表紙

二．客家文化再構築の意図と努力

主に、客家研究書の大幅な増加は「客家文化再構築」の流れを表わしている。表7は台湾省文献委員会が編纂した『台湾客家関係書目与摘要』に収録された五千六百十四冊の客家研究書、文章、そして学位論文を、出版年代に基づいて整理したものである。

表7からわかるように、四分の三を超える客家研究書籍は一九八八年（「母語を返せ」運動）以降に出版されている（千四百五十三の書籍の内、千百冊であり、七五・七パーセントを占める）。そして、過

表７　客家研究書籍・文章・学位論文の出版時期区分

出版期間	書籍	学位論文	学術論文	一般記事	書籍の一部	総計
1946 年～ 1960 年	33	0	0	7	3	43
	(2.3)			(0.3)	(0.3)	(0.8)
1961 年～ 1970 年	16	8	6	288	27	345
	(1.1)	(5.7)	(1.4)	(10.8)	(2.9)	(6.1)
1971 年～ 1980 年	98	17	2	552	139	808
	(6.7)	(12.1)	(0.5)	(20.7)	(14.8)	(14.4)
1981 年～ 1987 年	206	28	30	615	120	999
	(14.2)	(19.9)	(7.1)	(23.1)	12.8)	(17.8)
1988 年～ 1998 年	1100	88	382	1199	650	3419
	(75.7)	(62.4)	(91.0)	(45.1)	(69.2)	(60.9)
総計	1453	141	420	2661	939	5614

出典：台湾省文献委員会『台湾客家関係書目与摘要』1998 年を基に著者作成

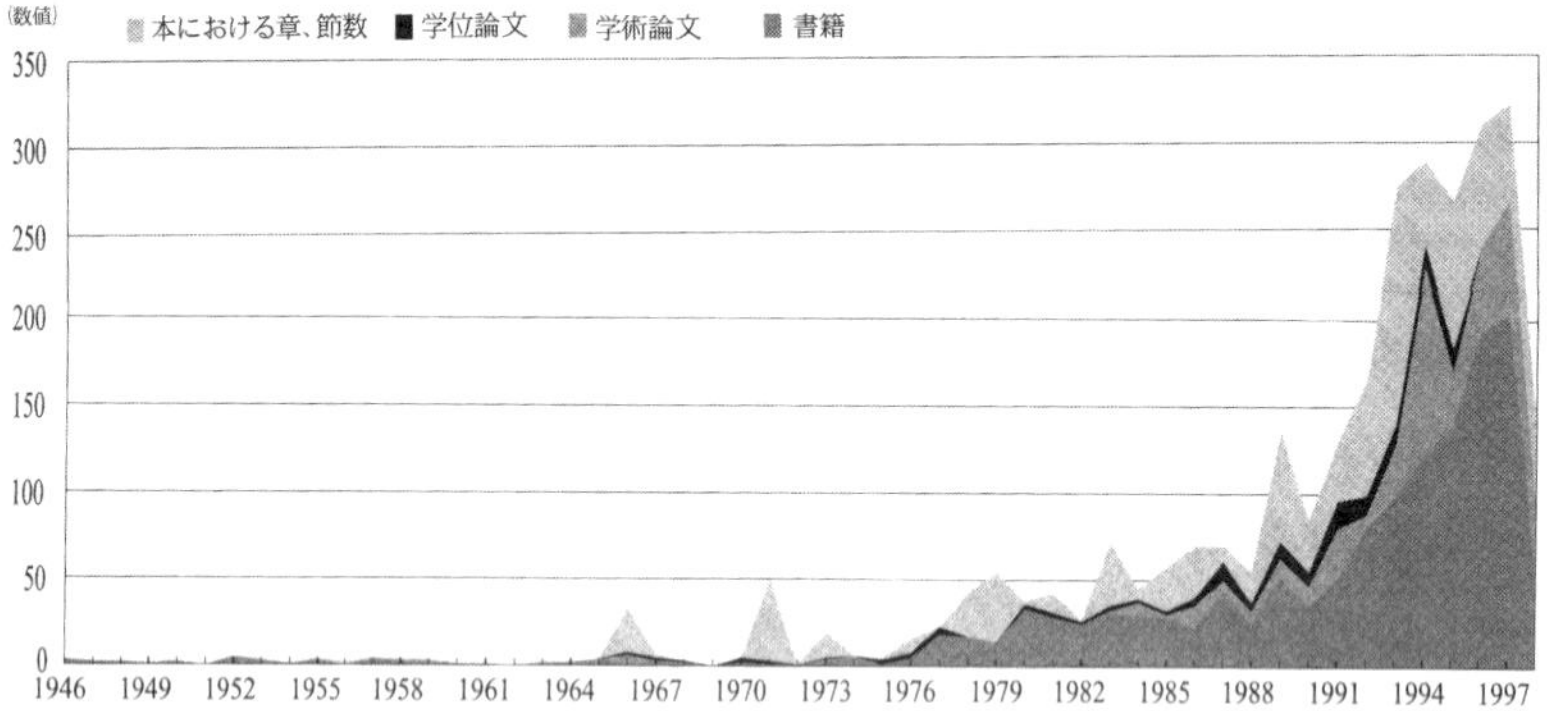

図８　客家関係出版物の変遷（1946-1998）
出典：台湾省文献委員会『台湾客家関係書目与摘要』1998 年を基に著者作成

去四十年間に出版された文献が全体の四割であるのに対し、六割を超える客家研究文献は客家文化運動が出現して以降十年以内に出版されたものである。こうした族群意識の成長は、客家研究書の出版状況からも見て取れる。すなわち、一九八八年以前は細々と出版されているにすぎなかったものが、運動組織と運動が積極的に行われて以降、大量に出版されるに至ったのである。このほか、表７の資料を一部グラフ化した図８が示しているのは、一九九一年から現

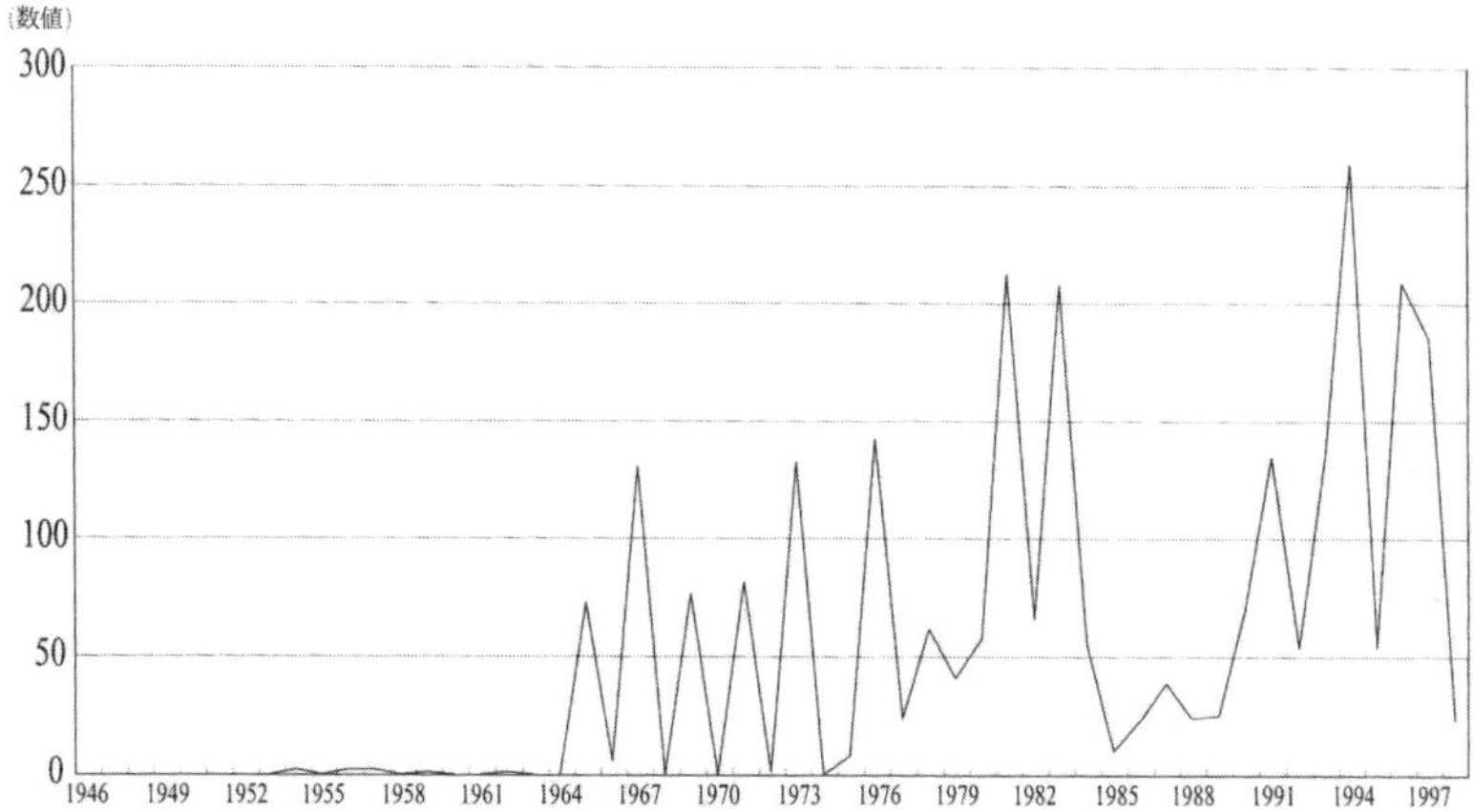

図９　客家関連記事数の変遷（1946-1998）

注：一般記事の数は非常に多く、当時の社会におけるタイムリーな話題を取り上げるが、一般学術論文、書籍の刊行は比較的長期のスパンが必要なため、二つの図に分けて示す。

出典：台湾省文献委員会『台湾客家関係書目与摘要』1998年から整理して作成

在までに、台湾では毎年少なくとも五十冊以上の客家研究書が出版されており、一九九四年以降では毎年百冊以上、一九九七年には二百冊を超えていることである。この成長には驚くべきものがある。

これらの新しく出現した客家研究のなかには、客家人の文化と歴史的起源を探索するものを除けば、もう一つの共通する特徴がみられる。それは、「義民廟」の歴史的意義が依然として議論されていることである。羅香林『客家研究導論』（一九三三）や陳運棟『客家人』（一九七八）といった過去の客家研究と比較して、一九八八年以降に出版された研究では、もれなく「閩南人」との歴史的な緊張関係、そして義民廟を客家文化の歴史に重要な要素として取り上げていることに特徴がある。[12]

しかし、過去の省籍族群区分の歴史と原住民運動の興隆からの影響を受けて、「客家人」の族群意識には「閩南人」の「福佬ショービニズム」に反対する以外にも、他の族群との差異の認知も含んでいる。これはまさに台湾における「族群の想像」のもう一つの重要な転換である。それは「対比」による族群区分（たとえば「閩南人」と相対する「客家人」）が「多元的」な族群区分（たとえるなら、「四大族群」）に変化したことである。これについては次章で詳述することにする。

【注】

（1）客家人の台湾移住の歴史については、羅香林『客家研究導論』南天書局、一九九二年（一九三三年）、あるいは『漢声』第二三号の「台湾的客家人専集」一九九〇を参照。

（2）呉中杰「義民信仰与北台湾客語分布格局的形成」（「義民信仰与客家社会――両岸三地学術研討会」国立中央大学客家研究センター主催、二〇〇一年一二月三日、四日）を参照。

（3）林偉盛『羅漢脚――清代台湾社会与分類械闘』自立晩報社、一九九三年、六〇頁、表二を整理したものである。

（4）蕭新煌、黄世明「台湾地方社会与客家政治力――客家族群派系的類型、発展及限制」徐正光編『歴史与社会経済――第四届国際客家学研討会論文集』中央研究院民族学研究所、二〇〇〇年、一四三～一七三頁。

（5）范振乾「義民爺信仰与台湾客家文化運動」（「義民信仰与客家社会――両岸三地学術研討会」国立中央大学客家研究センター主催、二〇〇一年一二月三日、四日）を参照。

（6）当然ながら「母語を返せ」運動は、義民廟創建百周年記念活動の延長を意味しない。ここで言いたいのは「汎台湾客家人」の想像が、ここから徐々に現れてきたということである。

（7）楊長鎮「客家運動与客家人文化身分意識之甦醒」徐正光編『徘徊於族群与現実之間――客家社会与文化』正中書局、一九九一年、一九三頁。

（8）王甫昌「台湾反対運動的共識動員――一九七九年到一九八九年両次挑戦高峰的比較」『台湾政治学刊』創刊号、一二九～

二〇九頁。

(9)一九八八年、客家人の「母語を返せ」運動の前日、六堆の客家人である鍾孝上はメディアの取材を受け、国民党の言語政策には不満があるが、民進党の北京語排斥には、閩南語のみを「台湾語」であるとし、その他の言語を「台湾語」とは認めないような傾向を帯びていると指摘した。また彼は、もし民進党が閩南語を「党語」とするのなら、新たな政党組織の呼びかけに応ずるかもしれないと述べた（『中国時報』一九八八年一二月二八日、「客家人考慮組党」を参照）。

(10)義民を「不義の民」とする捉え方は、連雅堂『台湾通史』（一九二一年）が示した民族史観のなかにすでにあった。これについては、一九七九年『美麗島』雑誌発刊の時期に、激しい論争が行われた。楊碧川『簡明台湾史』（第一出版社、一九八七年）でも、似かよってはいるがやや修正した概念を提起している。客家研究者の陳運棟が一九八七年、長期にわたって流布していた「不義の民」説に関して著した論考も参照。陳運棟「義民乎？不義之民乎？――重探林爽文事件与「義民」之挙」（『三台雑誌』一九八七年一〇月、台湾客家公共事務協会編『新个客家人』台原出版社、一九九一年。楊長鎮「民族工程学中的客家論述」施正鋒編『族群政治与政策』（台湾教授論壇専刊四）前衛出版社、一九九七年、一七～三五頁。

(11)徐正光『徘徊於族群与現実之間――客家社会与文化』前掲、八～九頁。

(12)楊長鎮「民族工程学中的客家論述」前掲、一九九七年、一七～三五頁。

◉ 第七章　「外省人」族群分類イメージの台頭

第一節　台湾渡航後の大陸移民と社会的境遇

一九四九年前後、大陸各省から約百万人近くが中央政府とともに台湾に移入した。[1] 彼らは当時の台湾人口の十五パーセントほどを占めていたが、異なる省からやってきたために言語的、文化的には大きな差異があった。しかし、彼らは台湾渡航前後に社会的特質を共有し、似たような社会的境遇におかれ、また台湾現地の人々と相互作用するなかで、次第に地元民に相対する「大陸人」としての意識を生み出した。彼らは次のような経験と認識を共有していた。

一、職場の同質性（彼らは軍人、公務員、教師等の職業に集中していた）
二、経済的困窮時の国民党と国家への依存の高さ
三、中華民国、国民党と蔣介石への忠誠を共有した政治意識形態
四、軍閥、日本人、共産党打倒という記憶と経験
五、故郷を追われたうえ多数派の台湾本省人のなかに置かれ、大陸反攻を待望するという意識[2]

そして、本省人は、この新移民に対して「二・二八事件」後の祖国への失望と反感を投げかけ、新移民は本省人との社会的差異を感じ、本省人の明確な敵意を感じていた。こうしたなかで、「外省人」は次第に「本省人」に向

き合いながらの集団意識を形成していった。

しかし、この感覚は必ずしも「マイノリティ族群意識」ではなかった。大陸から移民してきた人々は、中央政府の文官、立法委員、監察委員、高級軍人、教育界のエリートなどを含んでいた。中華民国の統治機構上部が、まるごと台湾という省に移植されたのである。さらに、この統治機構は中国大陸各省からの移民によって支配されていた。国民政府は「反乱鎮定動員時期臨時条項」〔動員戡乱時期臨時条款〕のもとに、国会の改選を凍結した。結果として、過去に大陸で選出された第一回国会議員に、大陸反攻が成功して第二回選挙が実行されるまで議員を務めさせることになった。さらに、中国共産党に対抗し、中国の正統な代表の地位と国際的な認可を得るため、国民政府は台湾で「中華文化復興運動」と称した大規模な中国文化教育を実施した。加えて、国語の重視と台湾在来の言語文化を抑圧した。こうして、一九九〇年以前は、外省人は中央政府での権力と文化的支配を確立し、マジョリティとして絶対的な地位を保っていたのである。

しかし、外省人は政治的に有利な地位にあったが、経済的には常に有利とは限らなかった。台湾に移住した外省人には大資本家もいたが、大多数の外省人が経済的優位を占めたわけではない。一九六〇年代に経済成長が始まったが、外省人の多くは軍人、公務員、教員等の公的機関に集中し、あるいは台湾語を話せなかったために、民間企業に就職することが難しく、経済成長の利益を十分に享受することができなかった。このため、本省人に対して経済面における相対的に剥奪されたという感覚を抱くようになった。とはいえ、外省人は相変わらず政治での主導権と社会文化上の優位を保っていた。外省人と本省人はそれぞれに異なる優位を持ち、外省人は本省人との顕著な差異を認識していたが、自らがマイノリティ族群であるという感覚はなかった。いわゆる「外省人」の（マイノリティ）族群意識は、政治と文化が台湾化するなかで徐々に形成されたものなのである。

第二節　国民政府の民主化運動への対応

党外運動が政治の民主化と本土化を要求するようになった際、大陸各省からの移民は大きな衝撃を受けた。なぜなら、彼らは台湾に移転した国民政府との間に中国ナショナリズムのイデオロギーを共有し、党と政府への依存度が高かったためである。中国を代表する正統な政権と主張する国民政府にとって、国際情勢が次第に不利になるにつれ、国民政府は封印していた選挙を開放しなければならなくなった。国民党は台湾人エリートを政治体制に広く受け入れ、政権の正当性の維持を狙ったのである。一九七二年より、国民党は本省人の政治参加要求を満たすため、立法委員の増加定員選挙を行った。台湾社会では外省人は選挙で勝利することは難しく、選挙の目的は在来エリートの要求をなだめることにあったため、国民党はなるべく本省人の国民党員を候補者としてノミネートした。このほか、蔣経国は行政院長在任中に、本省籍の青年エリートを国民党と国家機構のなかで育み、次第に重要なポストに抜擢した。これら「吹台青」〔蔣経国による台湾人エリートの国民党登用政策〕と呼ばれる政策は、第二世代の外省人が出世する可能性を狭めた。台湾で育った第二世代の外省人のうち、政治参加に意欲がありつつも、コネを持たない人々は政治的に剥奪された感覚を抱いた。

しかし、この剥奪感を抱いたのは政界に進出する意欲のある一部の人々にすぎなかった。大多数の外省人にとって、マイノリティとしての族群意識を育んだのは、台湾政治と社会、文化における台湾化の進行そのものであった。

一九八〇年代以降、政治の民主化と台湾化によって、外省人は政治上でも文化上でも大きな喪失感を経験した。また、多くの外省人は民進党の主張する「台湾ナショナリズム」のなかで、「外来者政権」である国民党に協力し「台湾の人々を抑圧した『共犯者』」との汚名に苦しめられることになった。さらに外省人は「台湾四百年の歴史」

「台湾人は台湾語を話すべきだ」「アイデンティティーとしての台湾」という主張のなかで、台湾にとっての「よそ者」として位置づけられていくことになった。また、多くの外省人は、李登輝が総統、国民党主席に就任したことで、国民党内の権力システムも台湾化され、国民党の理念である「中国ナショナリズム」（中国統一を目標とする）と党内での外省人優位が維持できず、さらには外省人エリートが排斥されつつあると感じていた。

一九九〇年の二月政争では、国民党内部の本省／外省の争いが白熱化し、いわゆる「主流派」（本省人を中心とする）と「非主流派」（外省人を中心とする）の区分が形成されることになった。さらに、一九九一年の第二回国民大会代表と一九九二年の第二回立法委員の全面改選後では、外省人は人口的な配分に応じた政治権力上のマイノリティグループになっていった。

第三節　新党と外省人の族群意識

一九九三年八月、国民党内の第二世代外省人民選エリートを中心とする「新国民党連線」は、党内で「独裁」、排除と抑圧を受けたことを理由に、国民党を離脱して「新党」を成立させた。彼らは台湾独立への反対と中華民国の維持を主張し、金権政治との決別を訴えた。成立当初、新党成立の主旨は「族群政党」を目標としたものではなく、「市民の代弁者」として複数の族群の支持を得た。しかし、「反台独」（民進党と本土化以降の国民党）、「反独裁」（本省籍で初めて総統に就任した李登輝）という主要な目標は、台湾社会の省籍区分と深い関連を持ち、これらの主張は素早く支持者の間に浸透し、族群の区分に大きな影響を与えた。

一九九四年の台北市長選挙で、新党の市長候補である趙少康が採用した選挙戦略は、市長選を「中華民国防衛戦」と位置づけるというものであった。この戦略は選挙期間中に十数ヶ所の会場で数千、数万人が参加する大規模な大衆動員を実現し、多くの外省人が熱狂的な支持を行った。しかし、同時にこの活動は多くの本省人の危機感と緊張を煽り、選挙期間中、人々の対立感情を高めることになった。台北市長選挙の終盤、新党は「棄黄保陳」〔黄を棄てて陳を保つ〕と批判した。これは国民党の上層部が趙少康の当選を阻むべく、自党の候補者である黄大洲を積極的に支援せず、本省籍の陳水扁を当選させるよう仕組んだことを指している。この批判が事実かどうかはともかく、省籍意識に満ちた族群政治の論理には、一つの仮説が含まれている。それは、台湾化した国民党が台独の民進党と協調し、「反台独、中国統一」の新党に対抗したということである。この問題は国家アイデンティティー（統独立場）という高いレベルの議論に踏み込んでいながらも、こうした議論は往々にして「本省人は団結して外省人を排斥している」という族群論的な言説の根拠として解釈されている。この考え方は、外省人がマイノリティとしての族群意識を抱くことの核心的な要素である。新党は一九九四年の市長選挙に敗北したが、選挙動員を通じて次の選挙にむけた基礎を固め、一九九〇年代の国民党・民進党につぐ第三政党としての地位を確立した。(3) この新党運動は予想外の重要な結果を残した。すなわち、外省人のマイノリティとしての族群意識を生み出したということである。

写真12　新党雑誌『新連線通訊』

　外省人は政治的な面以外に、一九八〇年代中期以降の急激な台湾文化蘇生のなか、社会文化上での中心的な地位も徐々に喪失した。こうして、台湾の歴史、文化、人物、郷土、地理に関する出版物が、雨後

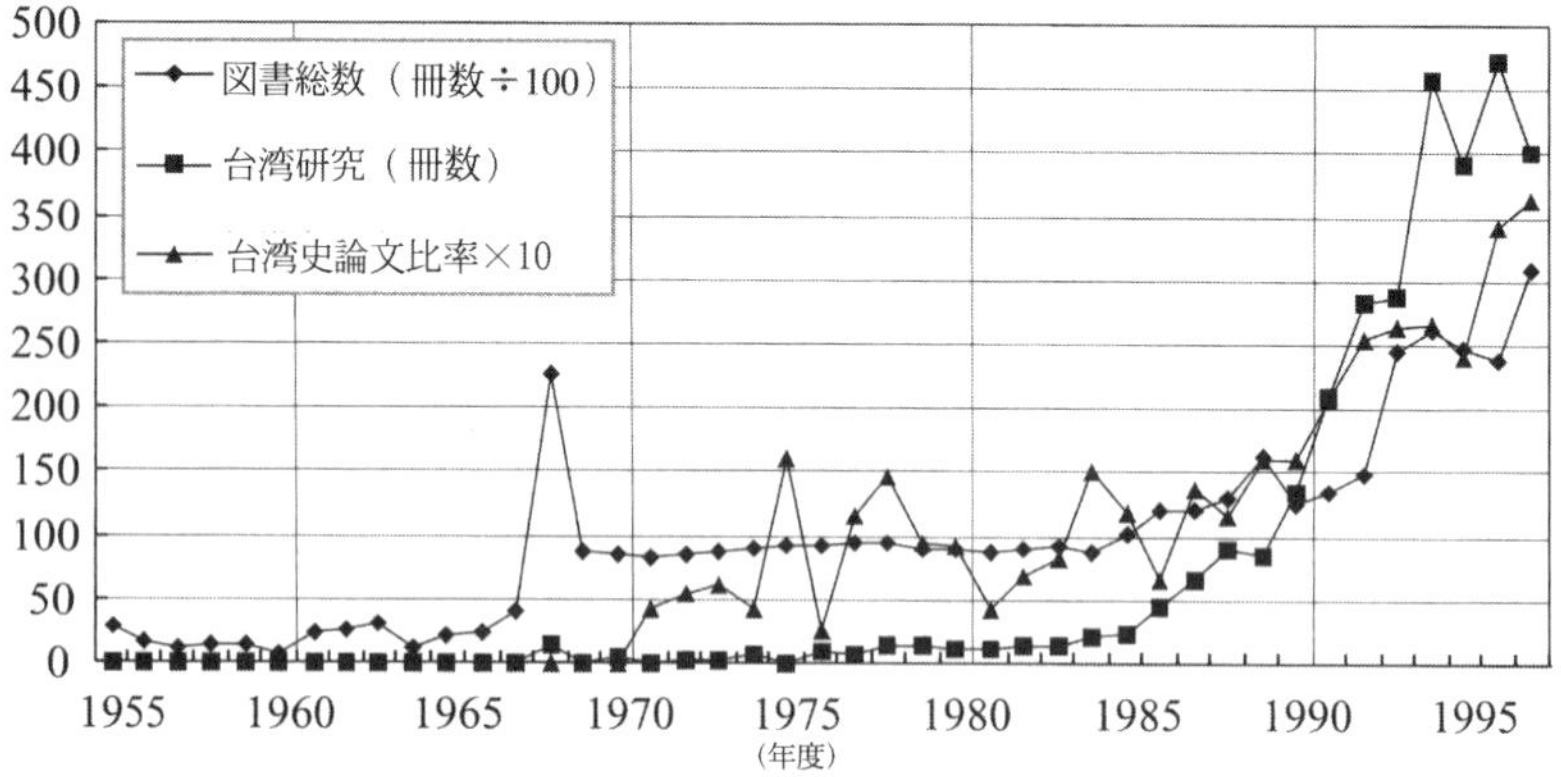

図10　台湾図書出版量、台湾研究書籍・台湾史修士論文の変遷図（1955-1998）
出典：王甫昌、2001年

の筍のように出現した。とくに一九九〇年代以降、「台湾研究」に関する学術書と一般書の出版量は急速な増加を見せた。これは図10を参照すれば明らかだ。過去の中華文化、中華ナショナル・アイデンティティーの影がちらつくなか、国家によって意図的に弾圧され、隠蔽されてきた台湾文化が、現在の文化市場では新しい価値を生み出したのである。さらに、かつてないほどに閩南語、客家語、原住民語は見直され、保護された。これらの文化、言語はマスメディアに現れるだけでなく、「郷土教材」、「母語教育」という形式を通じて、教育の場へと進出していった。

重要なのは、台湾文化蘇生のなかで台湾の歴史も新たに解釈されたということである。特に議論を呼んだのが、日本による過去五十年にわたる植民統治の歴史的位置づけである。かつて国民政府は、ナショナリズム形成の上で、日本植民統治の歴史のマイナス面のみを強調するか（たとえば、台湾民衆の抗日事件、もしくは皇民化教育による「毒素」）、論じないようにしてきた。しかし、台湾文化蘇生の風潮によって、人々は過去の歴史に正対し、日本の植民統治が現代の台湾社会に与えた影響について検証し、評価するようになった。抗日戦争の経験を有する外省人や、幼いころから抗日の物語を聞かされてきた外省人の第二世代にとって、本省人（閩南人・客家人・及び原住民）が日本植民統治を重要な歴史記憶と考えていることは受け入れがたかったのである。一九九七年六月から七月の間、中学一年生向け教科書『認識台湾〔台湾を知る〕』の記述をめぐって大規模な論争が巻き起こった。最も議論が分かれたのは、教科書の記述が台湾総督府の政策を「過大評価しすぎなのではないか(4)」という新党所属の立法委員と学者による指摘である。このような台湾本土文化を模索する風潮のなかで、台湾史における外省人の経験と記憶は黙殺されがちであった。結果として、外省人は社会文化上の喪失感を育んでいくことになる。

一九九〇年代初期、外省人は自らを台湾でのマイノリティ族群として認識するようになった。この認識は、新党の選挙運動と動員を通じて少しずつ形成された。彼らは自らを、人口的に少数派であり、土地を持たず、本省人から不信を向けられ、排除され、政治的、社会文化的、さらには経済的にも劣勢に立たされていると考える。しかし、過去の認識と異なり、一九九〇年代以降に出現した「外省人」〔自分をどう呼称するかはともかく〕族群意識は、すべての「本省人」に対して向けられるものではなく、人口上で優位に立つ「閩南人」を自らの対抗族群と位置づけている所にある。一九八〇年代の台湾「原住民運動」と「客家文化運動」の展開と衝撃を通じて、外省人は客家人と原住民が自らをマイノリティ族群として位置づけていること、客家人と閩南人との間に対立関係があることに気づいた。その上で、客家人と原住民族を自らと同じマイノリティ族群と区分し、場合によっては彼らと協力することで、「福佬ショービニズム」に対抗したのである。

たとえば、一九九七年の『認識台湾〔台湾を知る〕』教科書論争が沸騰するなか、教科書の発行に反対した新党系学者の尹章義は、『認識台湾』なかでは客家人と原住民の歴史記憶が黙殺されていることを強調した。論争のなかで、夏潮基金会の王津平は、原住民の盲目の詩人である、莫那能を探し出し、『認識台湾』社会篇の担当である杜正勝の講演会場にて、教科書内で原住民が「番」と呼称されていることに抗議を行った。これは聴衆間で激しい議論を引き起こした(5)。台湾原住民部落工作隊は、二〇〇〇年五月二〇日に民進党籍の新総統、陳水扁の就任にあわせ

『原住民族』雑誌（紙面版及び電子版）を発行した。この動きは明らかに「台湾閩南人」を原住民族運動の対抗相手とみなしていた。この雑誌は夏潮基金会から大きな支持を得ることになった。このほかにも、新党が一九九五年に発表した『新党政策白皮書（新党政策マニフェスト）』では、一章を割いて「族群と文化政策」を訴えた。このなかで「台湾原住民」、「台湾客家人」と「台湾閩南人」それぞれの族群の文化的権益を護ることを主張し、これら三つの族群の文化研究所を設立することを明らかにしている。

【注】

（1）李棟明の計算と推測によれば、一九四九年から一九五三年の間に台湾へ大陸各省から渡航した人数は九一万人に達した。李棟明「光復後台湾人口社会増加之探討」『台北文献』九、一〇号合併号、一九六九年、二一五～二四九頁。

（2）Chang, Mau-Kuei（張茂桂）, "Toward an Understanding of the *Sheng-chi Wen-ti* in Taiwan: Focusing on Changes after Political Liberation,"（pp. 93-150 in Chen Chung-min, Chuang Ying-chang and Huang Shu-min eds., *Ethnicity in Taiwan: Social, Historical and Cultural Perspectives*, Taipei: Institute of Ethnology, Academia Sinica, 1994）p. 108.

（3）王甫昌「台湾族群政治的形成与表現——一九九四年台北市選挙結果之分析」殷海光先生学術基金会主編『民主、転型？台湾現象』桂冠図書公司、一九九八年、一四三～二三二頁。

（4）王甫昌「民族想像、族群意識与歴史——『認識台湾』教科書争議風波的内容与脈絡分析」『台湾史研究』第八巻第一号、二〇〇一年、一四五～二〇八頁を参照。

（5）『中国時報』一九九七年七月二七日。

第八章　対抗的な族群意識から「四大族群」へ

以上のことから、過去の台湾における族群意識は「族群の対抗」を目的として構築されていたと考えられる。それぞれのマイノリティ族群意識は、「対抗する族群」を念頭に置いて構築されてきた。すなわち、「本省人」の族群意識は「外省人」に対抗するなかで、「原住民」は「漢人」の、「客家人」は「閩南人」の、さらに「新住民（外省人）」は「（本省）閩南人」の対となって存在するのである。こうした対となる族群カテゴリーは、異なる文脈で生み出され、異なるレベルで異なる「族群」に働きかけている。とりわけ一九九〇年代には、この対抗する族群意識が本省人、外省人それぞれの族群意識を奮起し、衝突を引き起こすことになった。一九九三年の統一地方選挙では、新党と民進党支持者間で暴力沙汰となり（高雄九二五事件）、民進党支持者は新党支持者に「中国の豚は帰れ！」と罵声を浴びせかけた。新党の政治家と外省人エリートはこれを「本省人の外省人排除」の証拠と考え、[1] 外省人の敵愾心は煽られ、新党支持者が急増することになった。台北市長選挙期間中、新党・民進党支持者間の動員と対立の中、「棄黄保陳」論という族群政治陰謀論的なデマによって、族群間の緊張と不信はピークに達した。

衝突と緊張を受け、政治家たちは政治的解決を模索するようになり、民進党は従来の姿勢を見直すことになった。つまり、台湾独立・建国の目標、手段について検討し直すことにしたのである。

かつて民進党は、独立・建国を成し遂げるべく、台湾ナショナリズムを打ち出した。これは「中国ナショナリズム」への対抗上産み出されたものであり、台湾内の様々な文化集団が持つ歴史的な記憶の差異を十分に考慮したものとは言えなかった。そのため、異なる文化集団は民進党が「福佬ショービニズム」的色彩を有していると批判した。新しい「民族」、新しい国家を作り上げるには、この内部での衝突は明らかに不利であった。

このため、民進党中央は一九九五年に「大和解」と「大連立政府」を主張した。これは、第三回立法委員選挙によっては「三党いずれも過半数に満たない」という結果を予想したものであったが、台湾内部にある族群対立を解決し、新台湾民族形成への障害を一掃しようと試みるものでもあった。彼らが打ち出した「大和解」では「族群和解」の重要性が特に強調されている。民進党幹部も新党幹部とコーヒーを飲み、和解ムードを演出した。一方で、これは民進党内の台湾独立派寄りの人々の不満を生み、彼らは民進党を離れ、新政党「建国党」を組織した。

こうしたなかで、民進党は台湾社会の既存の族群分類を整合し、「四大族群」の言説を形成した。この「四大族群」は、新台湾人を民族的に規定するものであった。つまり、閩南人、客家人、原住民、そして外省人（新住民）らの「四大族群」が、台湾という島でそれぞれの歴史と文化を作り上げてきた集団であるとする。一九八〇年代から、台湾の人々は文化的多様性の尊重を希求する族群運動を経験するなかで、しだいに台湾が「族群が多元的に並存している」という現実を認めるようになった。その上で、族群関係の展望について、同化や融合のみが選択肢ではないことを理解し始めていた。「四大族群」という言葉を通じて、人々は対抗意識に縛られた族群分類からようやく抜け出すことができたのである。

とはいえ、台湾社会で族群間の緊張が解消されたわけではない。政治システムと台湾社会の将来像が台湾化するにつれ、また新たな「民族の想像」の対抗が政治的、社会的な争点として浮上したのである。対立する中国ナショナリズムと台湾ナショナリズムは、それぞれ異なる「族群の想像」を土台とし、知らず知らずのうちに族群分類の名称を用いた衝突を招いた。

一九九四年、台北市長選挙に「黄（大洲）を棄てて陳（水扁）を保つ（棄黄保陳）」というスローガンが現れた。これは族群投票の方法として生まれ、メディアと政治家に利用され、「本省人の外省人排除」の証拠とされた。似たような「棄保」論は選挙毎に利用されている。一九九六年の総統選では「彭（明敏）を棄てて李（登輝）を保つ（棄彭保李）」論が唱えられ、二〇〇〇年の総統選でも「連（戦）を棄てて陳（水扁）を保つ（棄連保扁）」論が現れた。投票結果を見れば、こうした族群の想像を利用したデマの効果は疑問ではある。しかし、落選した外省人支持者は（たとえば、陳履安、郝柏村及び宋楚瑜の支持者）、自分たちが人口で勝る本省人から排除されているという認識を抱くことになった。

逆に、一九九八年、陳水扁の続投がかかった市長選で、台北市の外省人（特に新党支持者）は「王（建煊）を棄てて馬（英九）を保つ（棄王保馬）」という投票を積極的に行った。結果的に、陳水扁は意外にも僅差で落選した。選挙後、メディアは初の「出口調査（投票所外民調）」結果を公表し、外省籍有権者は約八割が馬英九に投票したという事実が明らかとなった。

特に新党支持の外省籍有権者はあからさまに「棄王保馬」的投票を行い、約八割が新党候補者の王建煊ではなく馬英九に投票した（表8を参照[2]）。これにより、陳水扁の再選は挫折した。

表８　『聯合晩報』に掲載された一九九八年台北市長選挙の出口調査結果（単位：%）

	馬英九	陳水扁	王建煊
閩南人	44	44	2
客家人	61	22	2
外省人	**76**	7	6
国民党	88	7	1
民進党	11	87	1
新党	**77**	3	14
その他	47	30	2

資料出典：『聯合晩報』1998 年 12 月 6 日、第一面。有効データ 1483 人

この選挙結果は本省人の激しい反発を招いた。族群の融合云々のなかで、多くの本省籍有権者は外省人候補者の馬英九を認め、一票を投じていた。その一方で、多くの外省籍有権者は陳水扁市政に高い評価を与えていたにもかかわらず、本省人候補者の陳水扁を受け入れず、彼に投票しなかったのだ。この投票結果と「省籍分類」による投票行動の解釈によって、省籍間の族群意識を有する本省人は、外省人への不信感を深めることになった。

しかし、これは一九九八年の台北市長選挙のみの話である。この選挙の一年半後、二〇〇〇年の総統選挙では、最初の世論調査から一貫して優勢にたっていた宋楚瑜は「興票案（中興票券事件。親民党から立候補した宋楚瑜に沸

き起こった不正資金スキャンダル。彼が国民党中央委員会秘書長在任中の一九九二年に、息子名義の口座に巨額の資金が振り込まれたとされる事件〕」で大きなダメージを受け、戦局不利と見られた陳水扁が逆転勝利した。外省人は政権交代が李登輝によって引き起こされたと考えた。李登輝が宋楚瑜の当選を嫌い、興票案事件と「棄連保陳」戦術を用い、陳水扁を援護したのだと。

国民党は二〇〇〇年の総統選挙で政権与党の座を退いた。また、李登輝は新党の外省人政治家や支持者から、反中国的で台独の傾向があると疑われ、統独をめぐる陣営間の対立はさらに深まった。総統選挙後の権力消長で、統独をめぐってこれまで異なる立場を有した政治的集団はしだいに両極の対立陣営を形成し始めた。一方は統一、中国との関係維持を支持する「汎藍」勢力（国民党、新民党、新党）、他方は独立を主張する「汎緑」勢力（民進党、台湾団結連盟）である。

「国家のアイデンティティー」と「民族の想像」をめぐる対立と議論は「族群の想像」の歴史と文化に密接に関連してきた。そのために、「族群の想像」は、最も簡単に人々を動員できる政治的手段として利用されたのである。このなかで対立したのは、「本省人（外省人に対して）」と「外省人（本省閩南人に対して）」という二大族群の想像である。彼らはそれぞれに、自分たちが重要な面ではマイノリティ族群であり、相手をマジョリティ族群であると見なしている。そのため、いずれも族群間の「正義」の追求という名のもとで、衝突と対立の感情を解きほぐすことは難しくなっている。

「民族の想像」の衝突を生み出す土壌になっているのは、将来的に自らの族群がマイノリティとなることへの不安である。統一によって台湾文化の独自性が人口的、文化的に強大な中国によって取り込まれてしまうことを本省人は危惧しているし、それは中国との統一を反対する理由の一つとなっている。また外省人は独立によって中華文化が台湾社会で周辺化されてしまうかもしれないという危機感から独立に反対している。本省人は「統一された中国」で、外省人は「独立した台湾」で政治上の少数派になってしまう。ともすれば、これは統独問題の重要な文化的、政治的基礎である。

一九九〇年代中期以後、台湾ナショナリズムの民族の想像での「敵」は、「国民党（自国人）」から「中華人民共和国政権（外国人?）」になり、中国ナショナリズムでの「敵」は、「共匪（外国人?）」から「台湾福佬ショービニズム（自国人）」へと変わった。一部の急進的な台湾ナショナリストは「売台集団」というフレーズで中国ナショナリズムをもつ外省人を非難する。このなかの族群対抗の意味とは、言わずもがなである。

族群間の平和的共存と相互尊重は、早くから多くの政治家によって主張され、これからの台湾社会にとって理想的な族群関係モデルと考えられて来た。しかし、異なる民族の想像と族群そのものは高度な関連性を持っているため、民族の想像が衝突するなかで族群間にある敵意が絶えず掻き立てられてきた。

この枠組みのなか、人口上不利的だと危惧する「外省人」陣営は対抗上、同じマイノリティの地位にある「原住民」と「客家人」を取り込むことで「閩南人」による言語文化上の福佬ショービニズムに対抗した。同時に、台湾には省籍区分に起因する族群問題はすでになくなり、過去の複雑な省籍矛盾を蒸し返すべきでないと強調した。この方法によって、広まりを見せる「本省人族群意識」の希薄化を試みたのである。

だが、その結果、台湾には族群の名を借りたあからさまな政治動員や衝突はなくなったが、「族群の想像」の歴史や、文化と社会の青写真について議論をするたびに、政治家たちは「族群感情にけしかける」「省籍矛盾を挑発する」といって互いを非難するなかで、「族群の衝突」の暗い影が現れ、時には激化していったのである。

論争に参加する両者が自らを「族群」と認めるかどうかに関わらず、衝突はただ異なる「族群の想像」と異なる「マイノリティ族群の主張（『本省人は外省人を排除する』、あるいは『本省人がどれだけ努力しても、外省人はそれを受け入れない』というたぐいの）」の間で起きれば、結果として族群衝突が作り出されてしまう。

「四大族群」論が希求する、族群間の調和と相互尊重という理想では、異なる族群の想像間の論争と衝突を完全に抑え込むことはできない。突き詰めれば、歴史の偶然によって、異なる「族群の想像」が、相互に対抗する「民族の想像」（民族主義）の理論構築の土台となった。台湾の「民族の想像」が衝突し続ければ、「族群の想像」の衝突は避けられないのである。

【注】

（1）新党の台北市長候補、趙少康は一九九四年一〇月二日、最初の候補者テレビ討論会の終わりに、このスローガンに対する個人的印象を語った。「（前略）長年にわたって台湾の自然環境、山河や大地に気を配ってきた私が、なぜ人々からヤクザ外省人〔外省幇〕だと非難されなければならないのでしょうか。高雄九二五事件で、なぜ人々から『中国の豚は出て行け！』と罵倒されねばならないのでしょうか。みなさん、我々はどこに出て行けばよいのでしょうか。悔しくて仕方がありません」（一九九四年一〇月三日の各紙の報道より）。

（2）『聯合晩報』一九九八年一二月六日第一面、『聯合報』、一九九八年一二月一四日第一八面参照。

◉ 第九章　結論

本書において、筆者は「族群集団」ではなく「族群の想像」という概念から、現代台湾の族群論争を理解するよう試みてきた。この「族群の想像」は「現代」と「伝統」を内包している。「現代」とは、この族群の想像が、集団の関係を規定し、「近代国家における公民権」を前提として、すべての族群、特にマイノリティ族群について平等な対応を要求する点に表われていた。「伝統」とは、このイメージが「共通の祖先」や「共通の起源」、あるいは「共通の文化」を強調することによって、族群集団の境界や区分を作り出しているということである。

族群運動家によれば、今ある族群それぞれの特性や境界が過去の歴史と文化のなかで作り出されてきたという。しかし、本書では、「族群間の平等」を希求する現代人によって、過去の掘り起こしが行われ、歴史と文化的に共通性を見いだして族群を規定してきたと指摘した。現在の分類と族群運動の需要から、「過去の歴史と文化」が読み解かれ、解釈される。この読み解きによって、族群の「現在の境遇」は説明され、「将来の目標」に至る体系的な言説が作り出される。

構築とは歪曲、捏造されるものではなく、総合的な族群論述の提起である

この主張は、運動家が恣意的に文化や歴史を歪曲、あるいは捏造し、族群アイデンティティーを主観的に独断で構築することができるという意味ではない。族群運動家が構築できる族群のアイデンティティーと境遇に対する定義は、歴史的事実と文化的素材の制限を受けるが、これらは完全な虚偽や虚構とはなりえない。本書において、運動家が族群アイデンティティーと意識を構築するという視点を強調したのは、次のようなことについて読者の注意を促したいからである。運動家が族群意識に関する論述を構築する際、受動的ではなく能動的に史実を選択、無視して構築することができるのである。歴史的事実と文化的素材が別々に存在する場合には、それ自体を議論する余地はほとんどない。しかし、歴史的事実と文化的素材が複数に存在する場合には議論の余地が出てくる。というのも、いかにそれらを相互に関連させ、一つの明瞭で体系的な歴史解釈を作り出し、「われわれ」の現状を説明し、向かうべき未来を示すかという問題が生み出されるためである。これは、まさに族群運動家が活躍できる解釈の空間である。族群運動家が作り出すのは、単なる「(歴史)事実」ではなく、これらの事実を基にして族群の過去の歴史、現在の境遇、そして将来の目標にかかわる「一連の族群論述」である(図1参照)。この語りは通常、「過去の共通性」ではなく「現在必要とする区分」に基づいて論述を構成する。これが「構築」の原則である。

族群の想像の衝突はなぜ解決が難しく、また感情的なのか

本書は運動家が構築的、能動的、現代的に「族群論述」を行っていると強調した。つまり、運動家が主張する「歴史」に基づいて生み出された族群アイデンティティーと使命が帯びる神聖さは、実際には一つの神話に過ぎないと指摘しておきたい。しかも、運動家の間で「歴史事実」をめぐる論争の決着をつけることは難しい。なぜなら、歴史史料は完全なる錯誤や捏造の事実でないかぎり、異なる歴史解釈を行うことができる。この解釈の問題は歴史事実をそれぞれに選んで強調し、あるいは意図的に忘却することで、一つの簡単明瞭な歴史観を正当化する。そのため、本当に論争を引き起こすのは、通常は現在にかかわる「歴史観(たとえば、『台湾人は中国人ではない』)」であり、過去の「歴史事実(たとえば、『中国はいつ台湾に官府を設置し、有効な統治を始めたのか』)」ではない。この論争は「立場」の問題であり、「事実」についての問題ではなく、異なる意見の相手を納得させることは難しい。重要なのは、族群運動家は歴史論争において、自らの族群文化と歴史の神聖性をあらかじめ想定しているために妥協

せず、異なる意見を打倒することを目標とし、論争の場に感情を持ち込むこととなったのである。

族群の想像が果たすポジティブな力

現代では、食い違う「族群の想像」が論争と衝突を引き起こし、人々は族群を感情的なもので簡単には妥協できないものだと考えている。もしも、これらの過去の歴史をめぐる論争（族群の想像の「伝統の側面」）が実際には、現在の境遇をめぐる不満や将来への期待（族群の想像の「現代の側面」）であると明らかにすることができれば、我々は衝突する「族群の想像」の中から、妥協的でない感情を打破して「族群の想像」のポジティブな側面を発見できるかも知れない。

「族群の想像」の伝統性によって「族群アイデンティティー」は、門地ではなく業績が評価される現代社会においても、個人にとってある程度の神聖さと強大な社会的凝集力を有することができる。そのため、マイノリティにとって、差別的待遇に直面した際には族群アイデンティティーを凝集し、集団の力を利用することで境遇を改善する動員の手段とすることができる。その他の社会的マイノリティ集団（あるいはカテゴリー）に対して、族群アイデンティティーが発揮する社会凝集力は、有効な社会運動の手段とすることができる。またそれは、マイノリティ文化集団の社会的正義を確保する重要な機能でもある。これは「族群の想像」の現代社会のなかにおけるポジティブな特質である。

族群の想像は族群運動の産物に過ぎないのか

本書が強調する、台湾の「族群の想像」の出現と発展モデルは、ほとんどが族群運動に関連している。さらに本書では構築論の観点からも強調しており、「族群の想像は完全に族群運動の結果である」とか、「族群分類意識は運動家〈政治家〉の挑発によって生まれた」などという誤解を招いたかもしれない。しかし、この認識は大きな問いに繋がっている。つまり、「族群の想像」は単に族群運動が作り出したのか。あるいは、もしも族群運動が起きなければ「族群の想像」は生まれなかったのか、というものである。族群運動は族群社会の変化を促す力であり、その出現は各種の文化、社会、そして政治環境という条件が揃ってはじめて可能になった。これらの条件は運動家が作り出せるものではない。現代の多重族群社会のなかで、これらの条件は、社会の様々な集団がそれぞれに継承する文化のほか、マイノリティ集団が自らの需要や利益に基づいて形成してきたものである。運動家がこれら社会構造と文化的条件の下、作りだした各々の族群論述は族群アイデンティティーやマイノリティ族群意識を規定し、さらに族群の集団行動を育む土壌となった。運動家は「族群アイデンティティー」を何の根拠も持たずに作りあげることなどできず、根拠のない「差別的境遇」の捏造を通じて、人々を煽動して族群運動に動員することはできない。族群運動が出現する社会的、文化的条件は、日常生活のなかで徐々に形成されてきたものである。運動家は、限られた条件のなか、独立し、散発的で、遊離した思考と不満を一つの理論にくみ上げた。この理論でアイデンティティーを位置づけ、参加者を獲得する。族群運動が出現した状況では、成員の族群意識は比較的容易に一致し、しかも運動が引き起こした論争によって社会的な注目度も高まった。しかし、それは族群運動がなければ、「族群の想像」を生み出せないということを意味するわけではない。族群運動のない日常生活では、人々は「族群の想像」の枠組みで身近な出来事を理解し、解釈できる可能性があった。とはいえ、日常の出来事はいくつかの観点から理解することができ、「族群の想像」はそのひとつに過ぎない。族群運動の最大の意義は、「族群の想像」という認識の枠組みを構築し、広めたことにある。この集団分類の枠組みは普遍的に受け入れられ、集団行動の基礎となった際に、運動の目標は達成され、改善がなされると考えられる。このような状況のもと、運動は次の挑戦の機会と必要性が現れるまで沈静化していくのである。

そのため、われわれは次のように考えている。つまり、族群運動は族群の変化の起爆装置に過ぎない。族群運動によって作り出されたアイデンティティーと認識の枠組みは、当初の運動を可能にした社会的、文化的条件と構造にふたたび影響を与えることになる。族群運動以前、「族群の想像」は社会の方向性を決める多くの思考的枠組みの一つに過ぎず、重要でもなかった。しかし、族群運動の出現によって、「族群の想像」も社会の最も重要な集団分類の一つとなり、場合によっては、最重要な枠組みともなっている。

総括すれば、我々の意志に関係なく、「族群の想像」の現代社会における誕生と影響力は歴然たる事実である。その出現と発展には、現代での社会的土壌があり、確かな機能がある。「族群の想像」の存在を否定し、人々の感情を高ぶらせ、衝突を招いたという負の側面だけを責めるよりも、その発生の原因について理解しようとするべきである。

族群意識の形成は族群運動家が「族群の想像」を作り出した結果である、とみなして分析を行うことで、我々は族群運動の「内容」を強調しがちである運動家たちの論争から抜け出し、むしろこの運動の誕生を促した族群間の相互関係という「社会的文脈」を観察することができる。族群運動家の主張は、人々を「過去」に執着させ、族群の「現在」や「未来」を軽視させることにつながる。族群意識の構築とは、以前から存在し、長く眠りについていた族群アイデンティティーを呼び覚ますことなどではなく、「斬新」で「類を見ない」社会集団分類の思考方法を創造するものである。この点を理解すれば、我々はいったい何が族群の文化や歴史なのかという（通常、結論の出ることのない）論争を乗り越えて、「族群意識」という思考方法の形成がなぜ現在、立ち現われており、それが目的とするところが何であるのか、という問いに真に向き合うことができるかもしれない。そうであればこそ、我々の社会は族群意識の形成が代表するような社会への警鐘のなかで成長し、進んでいくこともできる。止むことなく随時立ち現れ、波風を立たせ、我々を全身泥だらけにし、溺死さえさせかねない族群対立の泥沼から抜け出すことがで

きるのである。（完）

推薦参考図書一覧

一、入門書

Marger, Martin N.

2000 *Race and Ethnic Relations: American and Global Perspectives*, Belmont, CA: Wadsworth/Thomson Learning.

本書は、族群関係のフレームワークについてこれまで最も体系的かつ平明に分析した社会学の入門書である。すでに四版が出版されており、アメリカの各大学での族群関係に関する授業で広く利用されている教科書の一つである。

二、もっと知りたい読者に

Hutchinson, John, and Anthony Smith（eds.）

1996 *Ethnicity*, Oxford: Oxford University Press

欧米の族群研究の重要な理論と研究文献を最も体系的に収集・整理した学術論文集。族群についてより深く学びたい読者にとって、本書は系統的な理論的文脈と古典的な研究蓄積を知るうえでプラスとなるだろう。

Guibernau, Montserrat and John Rex（eds.）

1997 *The Ethnicity Reader: Nationalism, Multiculturalism and Migration*, Cambridge: Polity Press.

これは現代ヨーロッパの歴史的経験に基づいた論文集である。とりわけ、ナショナリズム、多文化主義、そして戦後の多方向的な移民の流れが現代国家の族群関係にどのような影響を与えたかにフォーカスした論文を多く収録している。海外の族群研究の大きな流れと主な論点を知るのに有益である。

三、台湾族群関係研究参考書目

一九八〇年代中期に台湾の族群関係に関する研究が現れてからの十年来、多くの成果が蓄積されてきた。しかし明瞭な理論的モデルが欠落していたために、台湾族群研究は目的の違った研究が雑居しており、テーマ別の区分が難しくなっている。筆者は二〇〇二年に台湾族群関係研究を回顧する文章を発表している（出版情報参照）。興味がおありの読者は、まず拙文を導き手として、その他の専門的な文献や論文に進まれても良いだろう。以下には、筆者なりの参考文献を列挙している。出版の形態をもとにして、単著・論文集、論文、そして雑誌の特集記事の三つに分類した。

【専書、論文集】

張茂桂　等

一九九三『族群関係与国家認同』、台北　業強出版社。

黄宣範

一九九三『語言、社会与族群意識——台湾語言社会学的研究』、台北　文鶴出版。

謝世忠
一九八七『認同的汚名——台湾原住民的族群変遷』、台北　自立晩報文化出版社。
徐正光主編
一九九一『徘徊於族群与現実之間——客家社会与文化』、台北　正中書局。
二〇〇一『歴史与社会経済——第四届国際客家学研討会論文集』、台北　中央研究院民族学研究所。
二〇〇一『聚落、宗族与族群関係——第四届国際客家学研討会論文集』、台北　中央研究院民族学研究所。
二〇〇一『宗教、語言与音楽——第四届国際客家学研討会論文集』、台北　中央研究院民族学研究所。
台湾客家公共事務協会主編
一九九一『新个客家人』、台北　台原出版社。
羅香林
一九三三『客家研究導論』、台北　南天書局（一九九二年重印）。
若林正丈／何義麟、陳添力訳
一九八九『転型期的台湾——「脱内戦化」的政治』、台北　故郷出版。
頼澤涵、馬若孟、魏萼／羅珞珈訳
一九九三『悲劇性的開端——台湾二二八事変』、台北　時報文化出版企業。
趙剛
一九九八『告別妒恨——民主危機与出路的探索』（台湾社会研究叢刊）、台北　正港資訊文化事業。
趙彦寧
二〇〇一『戴著草帽到処旅行——性／別、国家、権力』、台北　巨流図書。

柯志明
二〇〇一『番頭家――清代台湾族群政治与熟番地権』、台北　中央研究院社会学研究所。
中国論壇社
一九八七「「中国結」与「台湾結」研討会論文専輯」『中国論壇』、二八九期（二五巻一期、一〇月一〇日）。
政大出版社
一九九六「台湾族群政治専題」『台湾政治学刊』創刊号。
歴史智庫出版
一九九八「封面主題：社会変遷下的台湾族群関係」『歴史月刊』一三一期（一二月五日）。
台湾社会学会
二〇〇二「族群与社会専題」『台湾社会学』、第四期。
施正鋒主編
一九九七『族群政治与政策』、台北　前衛出版社。
潘英海、詹素娟主編
一九九五『平埔研究論文集』、台北　中央研究院台湾史研究所籌備処。
劉益昌、潘英海主編
一九九八『平埔族群的区域研究論文集』、南投　台湾省文献委員会。
詹素娟、潘英海　主編
二〇〇一『平埔族群与台湾歴史文化論文集』、台北　中央研究院台湾史研究所籌備処。
Chen, Chun-min, Ying-chang Chuang and Shu-min Huang（eds）

1994 *Ethnicity in Taiwan: Social, Historical, and Cultural Perspectives*, Nankang, Taipei: Institute of Ethnology, Academia Sinica.

Hsiau, A-chin

2000 *Contemporary Taiwanese Cultural Nationalism*, London: Routledge.

Corcuff, Stéphane

2002 *Memories of the Future: National Identity Issues and the Search for a New Taiwan*, Armonk, N.Y.: M.E. Sharpe.

【期刊論文、專書論文】

王甫昌

一九九四「光復後台湾漢人族群通婚的原因与形式初探」『中央研究院民族学研究所集刊』、七六期、四三－九六頁。

一九九四「族群同化与動員——台湾民衆政党支持之分析」『中央研究院民族学研究所集刊』、七七期、一－三四頁。

一九九七「台湾民主政治与族群政治的衝突」、游盈隆主編『民主的鞏固或崩潰——台湾二十一世紀的挑戦』、台北　月旦出版社、一四三－二三二頁。

一九九七「族群意識、民族主義与政党支持——一九九〇年代台湾的族群政治」『台湾社会学研究』、第二期、一－四五頁。

一九九八「台湾族群政治的形成与表現——一九九四年台北市選挙結果之分析」、殷海光先生学術基金会主編『民主、転型？台湾現象』、台北　桂冠図書、一四三－二三二頁。

二〇〇一「民族想像、族群意識与歴史——「認識台湾」教科書争議風波的内容与脈絡分析」『台湾史研究』、第八巻第二期、一四五－二〇八。
二〇〇一「台湾族群通婚与族群関係再探」、劉兆佳、尹宝珊、李明堃、黄紹倫主編『社会転型与文化変貌――華人社会的比較』、三九三－四三〇頁、香港　中文大学亜太研究所。
二〇〇二「第八章：台湾的族群関係研究」、王振寰主編『台湾社会』、台北　巨流図書、二三三－二七四頁。
呉乃徳
一九九三「国家認同与政党支持――台湾政党競争的社会基礎」『中央研究院民族学研究所集刊』、七四期、三三－六一頁。
一九九四「社会分岐与政党競争――解釈国民党為何継続執政」『中央研究院民族学研究所集刊』、七八期、一〇一－一三〇頁。
一九九八「国家認同与民主鞏固――衝突、共生与解決」、游盈隆編『民主鞏固或崩潰――台湾二十一世紀的挑戦』、台北　月旦出版社、一五－三〇頁。
張茂桂
一九九四「台湾的族群、階級以及察覚不平等」、劉兆佳等編『発展与不平等――大陸与台湾之社会階層与流動』、香港　中文大学亜太研究所。
一九九九「第八章種族与群関係」、王振寰、瞿海源主編『社会学与台湾社会』、台北　巨流図書、二三九－二七九頁。
蕭阿勤
一九九九「一九八〇年代以来台湾文化民族主義的発展――以「台湾（民族）文学」為主的分析」『台湾社会学研究』、三期、一－五一頁。
二〇〇〇「民族主義与台湾一九七〇年代的「郷土文学」――一個文化（集体）記憶変遷的探討」『台湾史研究』、

六巻二期、七七－一三八頁。
二〇〇二「抗日集体記憶的民族化――台湾一九七〇年代的戦後世代与日拠時期台湾新文学」『台湾史研究』九巻一期、一八一－二三九頁。
二〇〇三「認同、叙事、与行動――台湾一九七〇年代党外的歴史建構」『台湾社会学』、第五期、一九五－二五〇頁。

孫大川
一九九五「行政空間与族群認同――以台湾原住民為例」、中央研究院民族学研究所「文化政治与歴史重建研討会」論文。
一九九五「夾縫中的族群建構――泛原住民意識与台湾族群問題的互動」、蕭新煌主編『敬告中華民国』、台北日臻出版社。
一九九七「一個新的族群空間的建構――台湾泛原住民意識的形成与発展」、游盈隆編『民主鞏固或崩潰――台湾二十一世紀的挑戦』、台北　月旦出版社。

夷将・拔路兒
一九九四「台湾原住民運動発展路線之初歩探討」『山海文化双月刊』、第四期、二二－三八。

高徳義
一九九一「与黄昏搏闘――原住民運動初探」『山地文化』、第二期、三頁。

黄応貴
一九九九「戦後台湾人類学対於台湾南島民族研究的回顧与展望」、徐正光、黄応貴主編『人類学在台湾的発展――回顧与展望篇』、台北　中央研究院民族学研究所、五九－九〇頁。

許木柱

一九八九「台湾原住民的族群認同運動――心理文化研究途径的初歩探討」、徐正光、宋文里編『台湾新興社会運動』、台北　巨流図書、一二七－一五六頁、。
一九九一「弱勢族群問題」、楊国枢、葉啓政編『台湾的社会問題』、台北　巨流図書、三九九－四二八頁。
傅仰止
一九九四「台湾東部的族群位階特色」『台大社会学刊』、二三期、一四三－一九〇頁。
一九九四「台湾原住民困境的帰因解釈――比較漢人与原住民観点」『中央研究院民族学研究所集刊』、七七期、三五－八七頁。
一九九五「人口比例与族群意象――東部原漢関係的結構与社会心理基礎」『台湾社会学刊』、二〇期、一二五－一六一頁。
林美容
一九九〇「族群関係与文化分立」『中央研究院民族学研究所集刊』、六九期、九三－一〇六頁。
胡台麗
一九九〇「芋仔与蕃薯――台湾「栄民」的族群関係与認同」『中央研究院民族学研究所集刊』、六九期、一〇七－一三二頁。
許達然
一九九五「械闘和清朝台湾社会」『台湾社会研究季刊』、一三期、一八一頁。

【非学術性雑誌】

『中国論壇』

一九八二「封面主題：正視地域観念」、一五六期（一三巻一二期、三月二五日）。

『遠見雑誌』

一九八七「封面主題：省籍是問題？」、一三期（七月一日）。

一九九六「封面主題：族群和解、台湾改造」、一二一期（六月一五日）。

『財訊雑誌』

一九九六「封面主題：四大族群浮生録」、一六八期（三月一日）。

二〇〇〇「封面主題：台湾人与中国人」、二一九期（六月一日）。

二〇〇三「封面主題：統独・族群・選票」、二六〇期（一一月一日）。

訳者あとがき

本書の著者の王甫昌教授は、台湾族群問題についての社会学的研究においては、いわば先駆者のポジションにある学者である。王教授は、米国・アリゾナ大学で一九八九年に社会学博士号を取得したのち台湾に戻り、政治大学で二年間教鞭をとったあと、台湾の最も権威ある学術研究機構である中央研究院で研究に従事し、今日に至っている。二〇〇九年からは当院社会学研究所の副所長も務めている。

以下に、本訳書が日本で出版されることの意義について簡単に述べたい。

台湾における「族群の想像」は、実のところ、かなり日本に「輸出」されている。「あなたは本省人ですか? 外省人ですか?」という問いは、「中国人ですか? 台湾人ですか?」という問いと並んで在日台湾人たちが最も日常的に出会う質問である。このような問いを発するのは、普通はある程度、台湾社会について一定の知識を持った人々である。ただ、これはある種、「困った問い」だと言わざるを得ない。なぜなら、このときの発問者の関心のポイントは、単純に相手の出身地の確認などではないということは見え見えだからだ。一例を挙げると、尖閣諸島問題など日中間の敏感な問題について、多くのメディアが台湾人（とくに絶対多数を占める「本省人」）に向き合う時の姿勢は、あらかじめ対日友好的な態度を期待してかかるものである。他方で、仮に中国側の主張に同調するような台湾人の言動があった場合には、それは往々にして台湾の「外省人」によるものとして解釈される。

台湾の族群想像の衝突について、著者は第八章で、「歴史の偶然によって、異なる『族群の想像』が、相互に対抗する『民族主義の想像』（民族主義）の理論構築の土台となった」と指摘している。してみれば、日本における台湾の「族群の想像」の特徴は、特に「本省」と「外省」との区別にあるとはいえまいか。それは、東アジア政治の「歴史の偶然」によって、日・中・台関係のなかの台湾人の立ち位置を理解するために「想像」されたものであろう。しかし、このような認識モデルは本当に有効だろうか。台湾の「族群の想像」（族群グループそのものでなく）をどのように理解すればよいのか。こうした問題について考えたい読者にとり、本書は格好の議論の場を提供してくれるだろう。

筆者が日本の大学で台湾史を教えた経験からすれば、族群概念とはある種、諸刃の剣のようである。台湾を理解するうえで、それは確かに明瞭かつ簡便な概念でありながら、容易に本質主義的な誤解をもたらすものでもある。限られた授業時間のなかで、いかにして効率よく、族群というものをいわば脱構築しながら認識するかは、筆者にとっても教学上の一つの挑戦であり続けた。その意味で本書は重要な手引きの書だったのである。また台湾問題を研究テーマとして定め、学位論文を執筆しようとする学部生、大学院生にとり、族群問題はしばしば避けては通れない関門となる。ずばり族群問題そのものを扱った本書は、大変、貴重である。筆者の経験からすれば、本書は「日本語版はありますか?」と尋ねられる頻度の最も高い台湾関連の専門書であった。

今回とても幸運なことに、多忙のなか、早稲田大学の若林正丈教授が我々のために解説を寄せてくださった。台湾政治研究の第一人者による深く専門的な分析は、台湾と日本の学界における本書の位置づけと影響力についてよりクリアに知るための手助けとなるだろう。また東アジアの未来を見渡すための思考軸を、いかにして本書のなかに見出すのか、という意味でも有益な解説となっている。

本訳書が順調に世に送り出されたことは、集団的な努力の賜物でもある。その意味でまず、一橋大学の卒業生である小出道也氏と稲吉亮太氏の二人に感謝したい。二〇一〇年の夏学期、それぞれ修士論文・卒業論文執筆の準備にかかっていた彼らは、認識のフレームにせよ理論的ベースにせよ、族群問題に密接にかかわるテーマを選んでいたことから、ゼミの場で本書の精読を始めたのだった。ゼミの前半では粗削りな日本語の叩き台を確認したうえで、後半で内容についての討論を行った。限られた授業時間の配分はタイトなもので、当時、訳文の細かいところまでこだわっている余裕は全くなかった。苦行にも似た様相で半年をかけて本書を通読したが、留学経験もなかった二人の学生にはいささか負担が重かったかとも思う。しかし彼らは真剣に取り組み、精読と討論を通じて、我々みんなは族群問題についての認識を自然と深めていった。彼らは、卒業後は研究の道には進まなかったが、二人とも相前後して理想的な仕事を見つけ、学園から巣立っていった。あとに残されたのは本書についての雑多な訳文やメモ書きだったが、これらは筆者の研究室の紙箱のなかで長い冬眠に入ることになった…。

昨年になって、愛知大学の黄英哲教授がシリーズものの出版計画を立てるにあたり、台湾の代表的な学術著作を日本語に翻訳して紹介したい、との連絡を受けた。筆者はすぐさま「翻訳期待度」ナンバー・ワンの本書のことを思い出し、ためらうことなく出版計画に賛同したうえで、本書の訳出を引き受けることにした。ゼミ卒業生の小出・稲吉両氏の同意を得たのち、筆者は一橋大学大学院修士課程の松葉隼氏に依頼し、先輩たちの残した草稿を基にして、再度、全体を訳出する作業に取り掛かってもらった。草稿が出来上がってからも、松葉氏と筆者は二人三脚で、一字一句を、悩みつつ、推敲を続けた。彼は終始、細心に、責任感を持って、筆者の修正要求に応じてくれた。初校の段階では若林教授から訳文への厳正な批判と修正提案を受け、多くの箇所をさらに改稿した。特に、重要なキーワードについて、訳者の側でも困難と迷いを感じていたところ、若林先生の意見を聞くことができたのは幸運であった。記して再度、感謝したい。それでも残ってしまった過誤や不足については、当然ながら全ての責任は筆者にある。

蔣経国国際学術交流基金会および国立台湾文学館（National Museum of Taiwan Literature）には出版資金面での助

力に、そして原著の出版元である群学出版社には日本語版の出版を快諾していただいたことに感謝したい。最後になるが、東方書店の川崎道雄氏にも謝意を表したい。氏の学術シリーズ出版に対する熱意に、訳者は強く励まされた。とりわけ、最終校正の段階に至っても尚、大幅な改稿を加えるという訳者の「悪行」を容認し、じっと訳稿の完成を待ってくださったことに、深くお礼を申し上げたい。

洪　郁如

◉解説　王甫昌著『族群　現代台湾のエスニック・イマジネーション』

若林正丈

本書の時代背景

一九八〇年代、九〇年代の台湾は、政治的激動の時代であった。まずは民主化である。中国共産党との内戦に敗れて台湾に立てこもった中国国民党の一党支配体制が崩れ、「自由で公正な公職選挙が定期的に挙行される」という意味での民主体制が形成され、二〇〇〇－〇八年には、一九八六年に長期戒厳令（一九四九－八七年）に抗して結成を勝ち取った民主進歩党（民進党）の政権も実現している。

そして台湾化である。冷戦終了後の世界では、民主政は一種の流行の統治スタイルであり、その構成要素はどこでもよく似ている。だが、非民主体制による抑圧が緩んだり崩れたりすると、民主化の政治過程には、その地域の独自の歴史的コンテキストが露出する。台湾の場合も例外では無い。台湾のみしか統治していないが、全中国の政党政権であるとの建前を対内的には堅持していた「中華民国」という戦後台湾国家の政治構造の虚構の解体、つまりは「中華民国台湾化」が、民主化と不可分な、しかし独自の内実をも有する政治構造変動として展開していくこととなった［若林（二〇〇八）参照］。

そこでは、「党外」と称されたオポジション（前記民進党の前身）が台頭して、民主化に向けた政治過程が動き始めると、台湾の地域的コンテキストを如実に示すような様々な言葉が誕生して、政治過程を彩ることとなった。曰く、「（本省人の）歴史情結（コンプレックス）」、「（台湾前途の）住民自決」、「台湾人出頭天（台湾人として胸を張る）」、「統独問題」、「（台湾海峡）両岸関係」、「李登輝情結」、「棄保現象」、「正名運動（先住民族の自称・民族名承認要求運動）」

などなど。これらが、民主化の政治過程に登場し、瞬く間に現代台湾政治理解のキーワードになっていったのであった。

「族群」の語は、そのような台湾独自の地域的コンテキストを語るキーワードの最たるものであった。「省籍意識」およびそれと「統独問題」やオポジション支持との関連、さらには「台湾原住民族運動」、「台湾客家運動」の登場など、「族群」をめぐる諸現象が、民主化・台湾化が発動したアイデンティティ・ポリティックスの中核にあったからである。

本書は、その「族群」に関わる現代台湾政治・社会の現象についての優れた概説書である。日本語による現代台湾の「族群」現象を直接に論じた専著としては、ステファン・コルキュフ（上水流久彦・西村一之訳）『台湾外省人の現在　変容する国家とそのアイデンティティ』（風響社、二〇〇八年：台湾現代史研究者の何義麟による解説及び読者の理解を助けるための関連事項説明のコラムが付されている）がすでに出ている。日本語では、本書は同書に次ぐ二冊目の台湾「族群」問題専著となる。

王甫昌の台湾「族群」現象研究

台湾の「族群」とは、前記のように民主化期に言論と選挙という政治競争の市場が急速に開放されていく過程で、台湾という土地への異なった定着過程を持つ住民の歴史が政治化していったという内実が刻み込まれてしまった言葉である。つまり、本書が強調しているように、オーストロネシア語族系の人々が先住する島に、対岸中国大陸から異なった歴史時期に、したがって異なる統治権力の下で、異なった性質の移民が定住していったという歴史を抱え込んだ言葉でもある。著者は、このように複雑で、しかも下手に触れると政治的火傷を負いそうな「族群」の現象の学術的理解の確立に、現地台湾の第一線で果敢に挑戦してきた社会学者である。

本書は、台湾の大学生・高校生向けの概説書として企画されたものではある。しかし、次に掲げる著者の主要論文リストが示すように、本書は一九八〇年代以来著者が、人々の眼前に展開する、民主化に否応なく付随するところの「族群」を軸とするアイデンティティ・ポリティックスの諸側面の理解に精力的に取り組んだ、その成果が凝縮的に示されている書物なのである。

（1）Wang, Fuchang 1989 *Unexpected Resurgence: Ethnic Assimilation and Competition in Taiwan, 1945-1988*, Doctoral thesis, Dept. of Sociology, Univ. of Arizona
（2）王甫昌　一九九〇「省籍融合或隔離?：台湾企業経理人員的省籍組成、一九七八―一九八八」、『中国社会学刊』第一三期、中国社会学会
（3）王甫昌一九九四「光復後台湾漢人族群通婚的原因與形式初探」『民族学研究所集刊』第七六期、中央研究院民族学研究所
（4）王甫昌　一九九六「台湾反対運動的共識動員：一九七九～一九八九年両波挑戦高峰的比較」『台湾政治学刊』創刊号、台湾政治学会
（5）王甫昌一九九八「台湾族群政治的形成及其表現――一九九四年台北市長選挙結果之分析」殷海光基金会主編『民主・転型?台湾現象』桂冠図書
（6）王甫昌二〇〇一「民族想像、族群意識與歴史――『認識台湾』教科書争議風波的内容与脈絡分析」『台湾史研究』第八巻第二期、中央研究院台湾史研究所
（7）王甫昌二〇〇二「接触機会?還是族群競争?：本省閩南人族群意識内涵與地区差異模式之解釈」『台湾社会学』第四期、台湾社会学編輯委員会
☆王甫昌　二〇〇三　『当代台湾社会的族群想像』群学出版（本書の原著）
（8）王甫昌二〇〇四「由民主化到族群政治：台湾民主運動的発展、一九七〇s～一九九〇s」胡健国主編『二十世紀台湾民主発展：第七届中華民国史専題論文集』国史館
（9）Wang, Fuchang 2004 "Why Did the DPP Win Taiwan's 2004 Presidential Election?: An Ethnic Politics Interpretation,"

(10)王甫昌 二〇〇五「由『中国省籍』到『台湾族群』：戸口普査籍別類属転変之分析」『台湾社会学』第九期、台湾社会学編輯委員会
(11)王甫昌 二〇〇八 「由若隠若現到大鳴大放：台湾社会学中族群研究的崛起」、謝国雄主編『群学争鳴：台湾社会学発展史』、群学出版
(12)王甫昌 二〇〇八「族群政治議題在台湾民主化転型中的角色」『台湾民主季刊』第五巻第七期、台湾民主基金会
(13)王甫昌(田上智宜訳)二〇〇八「現代台湾における族群概念の含意と起源」『日本台湾学会報』第一〇号
(14)王甫昌二〇一一「福佬(河洛)人」、蕭新煌等編『台湾全志 住民志 族群篇』、国史館台湾文献館

「省籍意識」、すなわち戦後初期に形成された本省人対外省人の対立や反目の意識は、戦後の経済発展、教育の拡大、通婚の増加などによりもはや緩和され、両者の融和が進んでいるのが現実だ、したがって、今さらに「省籍問題」「省籍矛盾」の存在を指摘するのは、政治的意図があってためにするものだ、というのが、八〇年代前半、つまり「党外」の台頭は見られたものの未だ長期戒厳令が解除されていない段階での、国民党がコントロールする主流メディアや学界の論調であった。しかし、にもかかわらず、「党外」が進める「台湾」を主題とする大衆動員は、その影響力を拡大し続けた。「省籍意識」の、当時の政治的主流の観点からすれば「予期せざる再登場」の背景を探ったのが、著書の博士論文(1)であり、(2)と(3)は、それぞれ企業と結婚という場において、「省籍」が依然として意識される社会テーマであることを主張して、「融合」論に対し強い留保を要求している。

こうして台湾「族群」現象への学術的関与を本格化させた著者は、その後の民主化・台湾化の節目毎に、社会学的観点からの民主化の政治過程に次々と生じる「族群」現象の理解を提供し続けた。蔣経国に長期戒厳令解除・野党結成容認を決断させた「党外」による民衆動員のあり方の検討〈(4)〉、民主化過程に入り民選に開放された台

北市長選挙に出現した外省人の「族群投票」といわゆる「棄保現象」の実証分析〈(5)〉、それまでの台湾化の成果、したがって中国国民党の公定中国ナショナリズムの衰退の結果としての教科書改訂をめぐる族群政治の様相の検討〈(6)〉などが試みられ、本書の原著の総合的論述に到るのである〈☆〉。

著者の台湾「族群」研究は、その後も総統選挙政治と族群政治の関連の検討〈(9)〉の他、さらに一九九二年戸籍法改正（身分証「本籍」記載の廃止）の経緯とその背景の分析と解釈〈(10)〉、「族群」という言葉そのものの系譜の探求〈(11)〉、〈(13)〉、さらには「四大族群」中の最大族群である「福佬人」カテゴリーの検討〈(14)〉へと展開していっている。

本書の中心的論点

本書は、まず「族群」とは何か、の説明から始まり、ついで現代台湾社会で一般に意識されるようになっている「族群想像《エスニック・イマジネーション》」には三つのレベルがあること、つまり歴史的起源を異にする三種類の「族群関係」の形成過程が存在していることを論じている。「本省人と外省人」の関係、「漢人と先住民族（原住民族）」の関係、さらに本省人内の「閩南（福佬）人と客家人」との関係が逐次論じられた後、「外省人」の新たな「族群意識」としての登場を論ずる構成が採られている。

著書の文章は平明であり、かつ論理的にも明快な組み立てとなっているので、ここで著者に代わって要約を行う必要はないと思われる。ただ、著者の中心的論点と思われるポイントだけは確認しておきたい。

著者によれば、「族群」とは、ある全体社会の中で何らかの苦境に陥っていると判断する人々の、苦境脱出の戦略と結びついて、「共通の祖先」ないし「共通の起源」を持つ集団として「想像」されるものであり、現代台湾の「族群想像」もそのようなものだ、という。これは、同時に次の三つの重要なポイントを含意する。

第一は、「族群想像」の近代性である。「族群想像」は、ある全体社会の中のマイノリティ（弱勢者、民主化前の「本省人」の例のように、必ずしも数の上での少数者とは限らない）が、国家に対して公平・平等な扱いを求めるという意味での社会正義要求運動に附随する。国家が統治下社会の諸集団・個人を公平・平等に扱うべし、との理念は、近代のものである。地理的・社会的流動のレベルが低く、また人々が生得的な身分に甘んじていた前近代の社会においては、こうした「想像」は生まれにくい。

第二は、「想像」される「族群」の規模の問題である。一つの全体社会の中にある「族群」の社会正義要求の声を届かせるためには、ある程度以上の規模が必要となる。「族群想像」は、その社会の歴史的資産の中から適切な規模を選びとる戦略と不可分である。例えば、本書にも明確に指摘があるように、一九八〇年代台湾先住民族のエリート達は、人口的に圧倒的多数の漢人主流社会に自分たちの主張を届かせるために、タイヤル族、アミ族といった文化的な同一性の高い先住民族内の民族を単位として自己主張するのでは無く、一定の数と存在感を訴えることができる汎先住民族アイデンティティとして「台湾原住民族」運動を構想したのであった。また、民主化過程では、人口多数派であるが政治権力・政治資源分配においては弱勢者であった「本省人」がエンパワーメントされる一方、人口少数派であった「外省人」は新たな弱勢者に転落するかもしれない。こうした展望を前にした「外省人」エリートの族群政治戦略の中にも、このような規模の論理が働いている場合がありえる。このことを本書も明確に指摘している。

第三に、「族群想像」の根拠となる「全体」とは何かという問題である。右に見た「族群想像」に働く規模のロジックは、その「全体」として「台湾」を、またそのアピールの対象として、「台湾」を一九五〇年以降実効統治する中華民国という国家（戦後台湾国家）を想定しているのである。民主化前の国民党の公定中国ナショナリズムの建前がそうであったように、「中国」を全体ととれば、「台湾人」の範囲を最大限に想像したとしても、「台湾人」

はその「中国」の中では永遠の少数である。台湾をこの意味での「全体」としてとらえ、それが主権的な自決の単位であるべき／そうなるべきであると「想像」するのが、台湾ナショナリズムであり、一方、それが「(中国)統一実現前」の一時的な「全体」にすぎないとするのが、当時の台湾における中国ナショナリズムであろう。本書が対象とする時期の外省人の族群政治戦略を一面で代表する「新党」のエリートの「族群想像」にとっての「全体」はこのようなものであったであろう。民主化が「台湾」規模でのみ選挙政治を開放するものである以上、そして選挙政治に参入する以外に政治権力に正当にアプローチできなくなった以上、その強い中国ナショナリズムにも拘わらず、「新党」も台湾を一時的な全体として、選挙市場に参入して行かざるを得ないのである。「族群想像」はこのようにある「全体」を前提にして「想像」されるが、その「想像」が公共空間に投げ入れられ一定の定着を見せると、それに相応して、その前提たる「全体」をも強化していく作用をも有すると言えるだろう。

日本の学界での王甫昌「族群論」の受容と展開

民主化に伴う台湾のアイデンティティ・ポリティックスのダイナミックスは、民主化のプロセスのみならず、中台関係にも影響を及ぼすものとして日本でも注目された。その中で、「族群政治」について精力的に学術的発言を続けてきた著者の議論は、日本の学界の台湾論にも影響を与えた。ここでは、その中から、若林正丈の「多重族群社会論」〔以下関連する議論は、若林（二〇〇八）、主として第一章、参照〕と沼崎一郎の「二元・二層構造から多元・多層構造へ」〔以下関連する議論は、沼崎（二〇一四）の関連部分を参照〕という議論を紹介しておこう。

本書にもあるように、「族群」は欧米の社会学において開発された〝ethnic group〟のコンセプトの訳語として台湾の社会学者が受け入れ、台湾の現実と、そして歴史と対話しつつ展開してきた台湾社会学の概念である。若林は、「族群」概念の近代性を強調する王甫昌の議論を受け入れることにより、台湾社会の族群関係の理解に一貫性と歴史的縦深を付与することができると主張した。日本植民地統治下の一九二〇年代の政治社会運動において、清代においては重要な意義をもった閩南（福佬）・客家の別を架橋して、漢人全体を含む集団を「台湾人」と想像する言説が表れ、知識層に浸透していった。これは、植民地体制の優勢族群である「内地人」（日本人）が上から投げかけた「本島人」という範疇を、日本国家に対して平等・公正を求める主体として読み替えたものであったと言える。この意味で、この時期の「台湾人」は、台湾史上に初めて現れた「族群想像」であったと言える。族群コンセプトの近代性を考慮すると、日本の植民地統治下で多重族群社会が初歩的に形成されたのであった（図2）。

このように考えると、台湾の対岸の中国福建省などから大量の漢人移民がやってきて先住民族を平地において圧倒した清朝統治期には、漢人優勢社会が出来上がったという意味で多重族群社会の基礎構造が形成されたものととらえることができる（図1）。そして、アジア太平洋戦争の結果日本の植民帝国が崩壊し、ついで中国内戦と東西冷戦の台湾海峡における結合によって中国国民党が支配する戦後台湾国家が形成される過程において、連合軍が実施した「引揚」によりそれまでの優勢族群である日本人は台湾を去り、中国大陸からの大量の政治移民がそれに入れ替わり「外省人」が形成され、台湾の多重族群社会は、優勢族群が入れ替わる形で再編された。さらに、民主化と台湾化は、戦後再編のような人口要素の入れ替わりではなく、族群間関係の変化（王甫昌のロジックを厳密にとれば「族群想像」の変容）をもたらし（国家による多文化主義政策の一定程度の実施）、多重族群社会は再・再編された（図3）。

沼崎の「二元・二層構造論」の「二元」とは、「先住者」と「外来者」が区別できることであり、「二層」とは、「支配者」と「被支配者」が、王甫昌流に言えば優勢族群と弱勢族群が明確に区別できることである。清朝時期までは（図4）、「支配者」が国家となってしまってやや不具合であるが、日本植民地統治期以降は、確かに優勢族群の移住があるので、より説明力は強くなると言えよう（図5、図6）。若林の「多重族群社会」の「多重」の意義が

「二元・二層」とすることによって明確に表現できるからである。

沼崎の議論のもう一つの利点は、若林のいう多重族群社会の再・再編を「二元・二層構造の変容と溶解」としてより明確に論述できることである（図7）。民主化により政治権力分配における族群の二層性（若林のいうところ

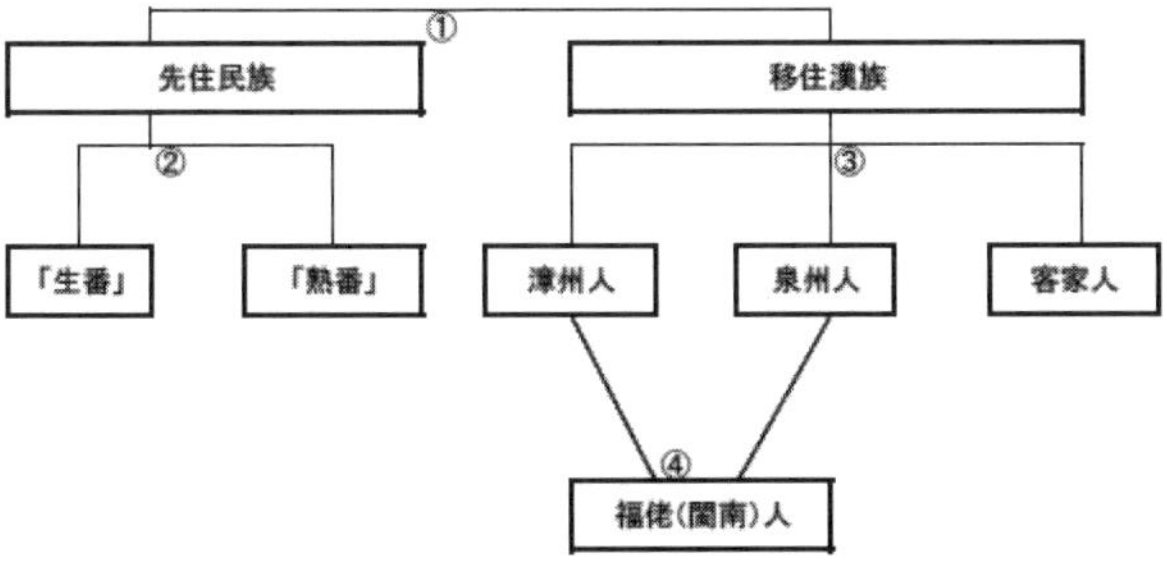

①先住民族か後代の移住者か
②清朝統治が及んでいるかいないか。
③大陸出身地・母語の別、これらの間の諸種の組み合わせで「分類械闘」がしばしば行われた
④「分類械闘」の減少とともに境界が次第に意識されなくなる。

図１　清朝期に形成された多重族群社会の基礎構造

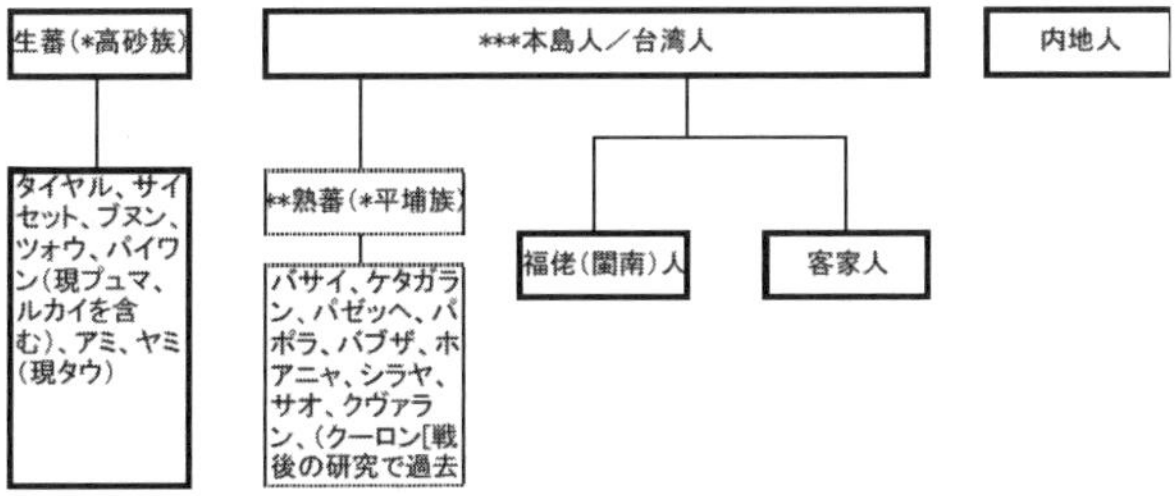

*1935年以後の台湾総督府の公式呼称
**他の漢族と同じ一般行政区に編入、台湾総督府実施の人口センサスのカテゴリーとしては残存。
***本島人、台湾人ともに、福佬人、客家人を越えるカテゴリー。前者は統治者側から見たカテゴリー、台湾人は抗日台湾ナショナリズムの言説による形成されたカテゴリー。

図２　日本植民地統治期に初歩的に形成された多重族群社会

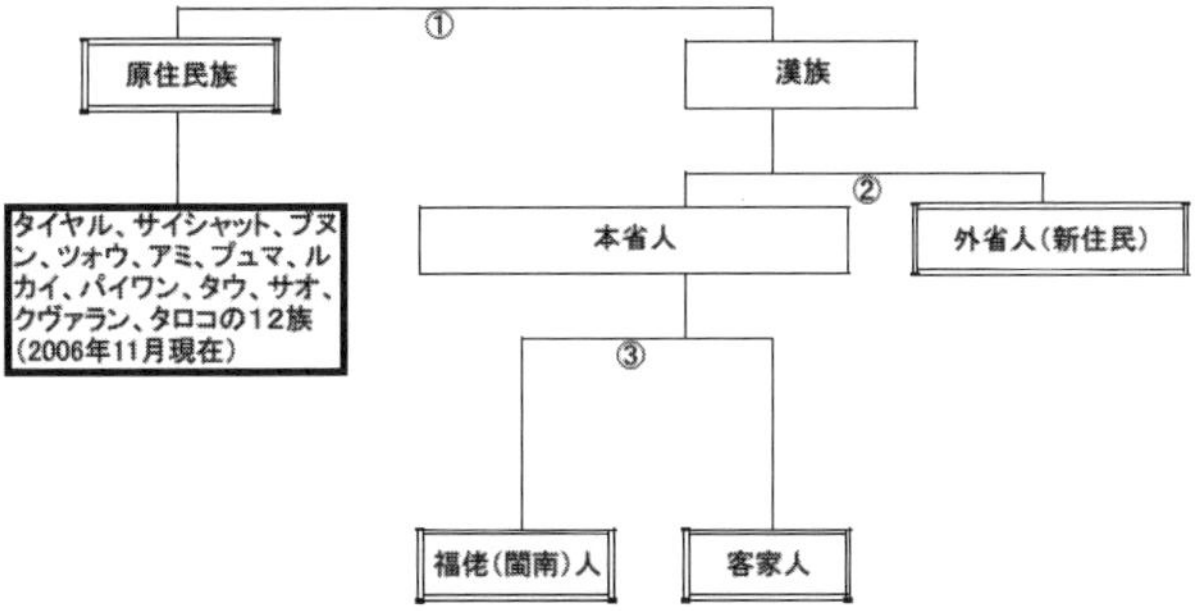

＊二重線で囲んだ族群が「四大族群」の構成族群
＊＊実は外省人には少数のモンゴル族、回族、満州族などを含む。
①先住民族か後代の移住者か
②1945年前からの居住者かそれ以後の移住者か
③福佬人か客家人か

図３　民主化・台湾化により再・再編された多重族群社会

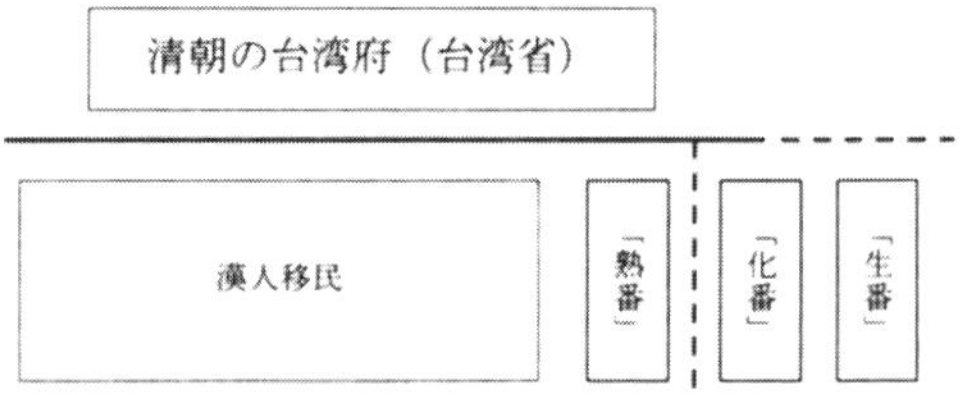

図４　清朝期台湾の二元・二層構造

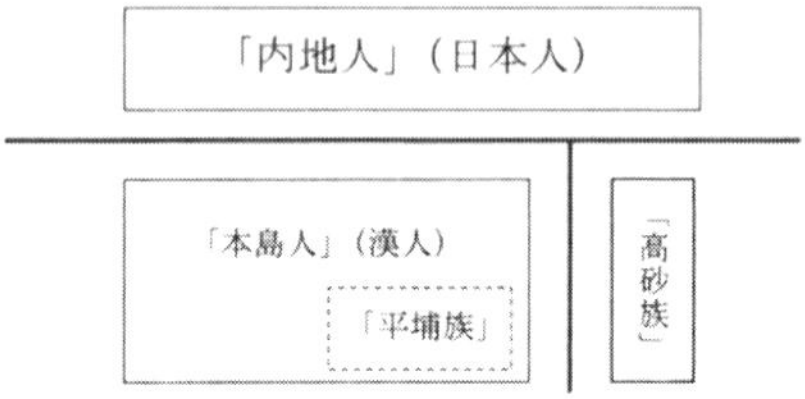

図５　日本植民地統治期の二元・二層構造

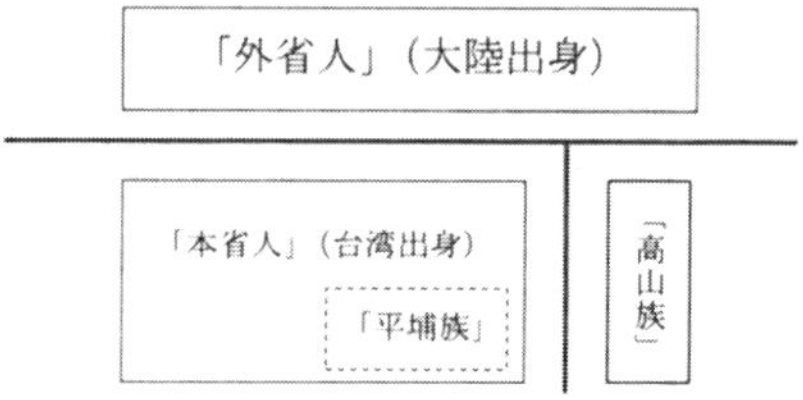

図６　蔣介石時代の二元・二層構造

の「政治権力分配の族群的二重構造」［若林（二〇〇八）：八七‐八八］）は溶解した。また、図7は、「台湾原住民族」の存在が汎原住民族運動の成果として認知され、一定の多文化主義施策が実施されたことにより、ながく歴史的族群として福佬人の中に埋もれていた平埔族の一部が、「台湾原住民族」としての認知を求めて自己主張するようになったこと、さらに漢人と先住民族、本省人と外省人の社会的距離も相対的に接近すると同時に、経済発展に伴う社会全体の中流化の進行とともに、それぞれの族群内部でも階層の流動が生じていることも表現している。

重層的脱植民地化としての「二元・二層構造」の溶解

沼崎のいう「二層」とは、優勢族群（台湾を「全体」として見たときの人口上の少数者）と弱勢族群（人口上の多数者）の政治権力分配の不平等を含意していた。「二元」とは、優勢族群と弱勢集団の間に「外来者」と相対的な「先住者」の区別があるのみならず、土着の弱勢集団の中においても、優勢な「後住者」（漢人）と劣勢な「先住者」（先住民）との区別がある、ということである。このような優勢と弱勢が重なるような構造はある意味で重層的な植民地性を帯びたものとも言えよう。台湾社会は、二〇世紀の最後の四半世紀の民主化でようやくこの重層的な植民地性からの脱却を開始した。本書は、その重層的脱植民地化［若林（二〇〇七）、参照］への台湾社会の苦闘を記録したものとも言えよう。

本書が示す「族群」から見た台湾社会は、若林のいう民主化・台湾化により再・再編された多重族群社会の姿であり、また沼崎のいう溶解しつつある「二元・二層構造」の姿であろう。否、学術的前後関係からいえば、王甫昌の精力的な「族群」現象の研究成果を踏まえることによって、若林の、沼崎のような把握が可能になったのである。若林の図3が、民主化と台湾化が到達した多文化主義政策の理念型を図示したものであるとするなら、沼崎の図7は、現実の動態を図式化したものであり、また民主化と台湾化のダイナミズムが発動した重層的脱植民地化の過程を静止画面でとらえたものであるといえるだろう。

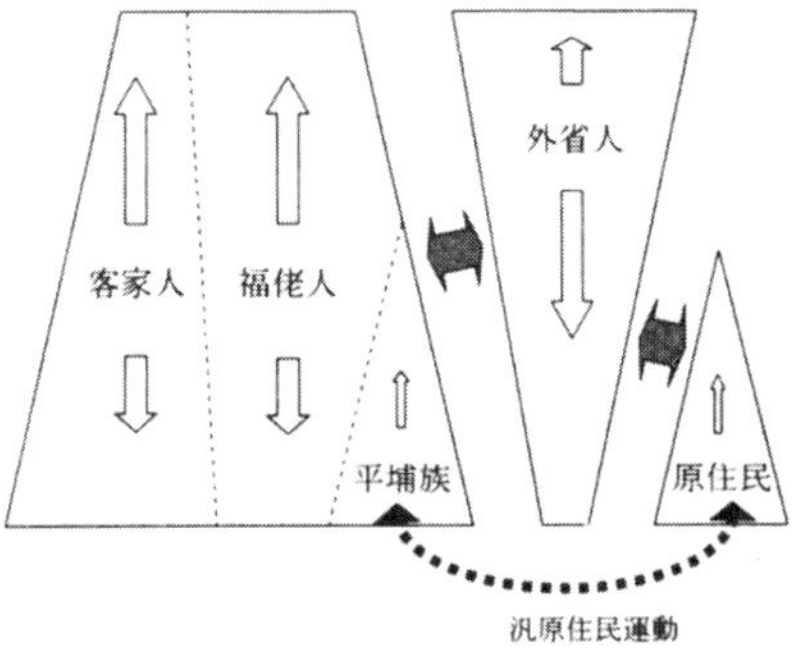

図7　二元・二層構造の変容と溶解

台湾という「全体」の揺らぎ？

以上、若林と沼崎の議論から本書の成果を振り返ってみた。本書原著の出版からすでに十年以上が経過しており、二〇一四年夏現在の台湾社会と本書が描く台湾社会の間には一定の距離が生じているかもしれない。民主化・台湾化が進行する間もその後も台湾社会もまたグローバル化の波にもまれていた。そして、その間台頭する中国の影が加速度的に存在感を増してきたからである。

沼崎は、前記のように「二元・二層構造から多元・多層構造へ」という見方を提起している。東南アジア（特にベトナムやインドネシア）や中国大陸からの花嫁の婚姻移民の増加と定着による新たな人口要素が登場するとともに、グローバル化を背景として、また「族群」の「二元・二層構造」の溶解にも促されて、経済、ジェンダー、文化などに格差と差異が、「個人化」するとともに、格差と差異上の地位が台湾という「全体」の中でのみならず世界の中での位置づけにも強く影響されるという意味での「国際化」が進んでいる。そこでは、「族群」とはもはや垂直的な権力的上下関係に位置づけられるものとして「想像」されるのではなく、個人が持つ文化的差異として意識されることになり、台湾社会は、その意味で多元・多層化していくというのである［沼崎（二〇一四）：九七―一一〇］。

本書の台湾社会像と現在の台湾社会の間を架橋するには、このような視点に加えて、台湾にとっての中国の影の増大というマクロな情況をどう把握するか、という課題がある。特に、二〇〇八年国民党が政権に返り咲いてからの情況の問題である。同年以来国民党馬英九政権は、台湾経済への梃子入れを狙って、中国からの観光旅行の解禁、中国との航空機の直接運航の実現などを矢継ぎ早やに実施するとともに、二〇一〇年には、中国と「経済協力枠組協定」（ＥＣＦＡ）を締結し、経済交流の制度化を進めた。これを土台に、それ以後も、中台間の人、モノ、カネの往来は加速している。「台商」と称される中国でビジネスに携わる台湾人企業家・企業幹部やその家族の人数は一〇〇万を超えるとされるが、〇八年以後は、中国から台湾への観光客や留学生などの人の渡航や投資なども増大し、ＥＣＦＡ締結以後さらに加速している。

二〇一四年春、ＥＣＦＡに基づく中国との「サービス貿易協定」の立法院審議の強行をめぐって学生・市民団体が一時立法院議場を占拠し、同協定の審議がストップするという事態が起きたことは、なお記憶に新しい。この学生・市民の抗議行動は、「ヒマワリ運動」と呼ばれて、市民から予期せぬ大きな支持を集めたが、こうした運動が起こり市民から強い関心が寄せられること自体、台湾社会にとっての中国の全面的な前景化、つまり、国際的にも自己主張を強め、台湾に対してはアグレッシブに関係を拡大・深化させようとしている中国との関係をどうするかが、台湾社会にとって、政治、経済、文化などほとんどの側面で否応もなく切迫したアジェンダになっていることを示している。

前述したポイントからもうかがえるように、本書で分析の対象となった台湾社会の「族群想像」は、台湾を一つの「全体」として前提し、それを強化するものであった。沼崎も「一九九〇年代以降、多元性と多層性を包み込む形で、肯定的な『新しい台湾意識』が形成され、「台湾の正当な住人」たちを結びつけている」と観察している［沼崎（二〇一四）：一一〇］。こうした観察においてもまた新しい「族群想像」は台湾という「全体」を強化するベクトルを有するものと認識されていることになる。だが、その一方、怒濤のように進む感のある中国の全面的前景化は、この強化された「全体」を揺るがすベクトルを有していることは疑いないであろう。

ここに、台湾社会研究の全く新しい課題があり、それには、別の方法、別の視角が必要とされているだろう。とはいえ、八〇年代からの重層的変動の時期に、「族群」をキーワードに台湾社会が苦悩し、過去からもたらされた矛盾に対して民主化の過程で一定の答えを出したこと、そのプロセスとロジックを概観した本書は、中国が前景化している台湾の現在から未来、さらには東アジアの将来を考えるときに有用な認識の前提を提供してくれているのである。

図の出所

＊図1、2、3：若林（二〇〇八）、三二頁、三七頁、三三六頁
＊図4、5、6、7：沼崎（二〇一四）、二九頁、四八頁、七四頁、九一頁

参考文献

沼崎一郎 二〇一二「（第一章）社会の多元化と多層化──一九九〇年代以降のエスニシティと社会階層──」、沼崎一郎・佐藤幸人編『交錯する台湾社会』ＩＤＥ－ＪＥＴＲＯアジア経済研究所、三七－六八頁

沼崎一郎 二〇一四『台湾社会の形成と変容　二元・二層構造から多元・多層構造へ』東北大学出版会

若林正丈 二〇〇七「台湾の重層的脱植民地化と多文化主義」、鈴木正崇編『東アジアの近代と日本』慶応義塾大学東アジア研究所、一九九－二三六頁

若林正丈 二〇〇八『台湾の政治　中華民国台湾化の戦後史』東京大学出版会

索引

執筆者紹介

著者

王甫昌（WANG Fu-chang）

台湾 中央研究院社会学研究所研究員、副所長。米国・アリゾナ大学社会学博士。専門分野：族群関係、社会運動、ナショナリズム、エスニック・ポリティクス。主な業績："A Reluctant Identity: The Development of Holo Identity in Contemporary Taiwan", *Taiwan in Comparative Perspective*, 5 (2014). "Ethnic Politics and Democratic Transition in Taiwan", *Oriental Institute Journal*, 22: 2 (2013)、「現代台湾における族群概念の含意と起源」『日本台湾会報』第10号、2008年、『當代台湾社会的族群想像』台北：群学出版社、2003年など。

訳者

松葉隼（MATSUBA Jun）

一橋大学大学院社会学研究科修士課程。主な業績：「近代交通の形成と台湾社会：海運と鉄道を中心に」台湾史青年学者国際学術シンポジウム（2014年3月17日：台湾、台北市、政治大学）

洪郁如（HUNG Yuru）

一橋大学大学院社会学研究科教授。東京大学大学院総合文化研究科学術博士。専門分野：台湾近現代社会史、女性史。主な業績：『近代台湾女性史─日本の植民統治と「新女性」の誕生』勁草書房、2001年、『ジェンダー表象の政治学─ネーション、階級、植民地』彩流社、2011年（共著）、『モダンガールと植民地的近代』岩波書店、2010年（共著）など。

原書 :《當代台灣社會的族群想像》王甫昌 著，群學出版有限公司，2003年

台湾学術文化研究叢書
族《ぞく》群《ぐん》
現代台湾《げんだいたいわん》のエスニック・イマジネーション
二〇一四年一一月一五日　初版第一刷発行
二〇一八年一二月二五日　初版第二刷発行

著　者●王甫昌
訳　者●松葉隼・洪郁如
発行者●山田真史
発売所●株式会社東方書店
東京都千代田区神田神保町一―三　〒一〇一―〇〇五一
電話〇三―三二九四―一〇〇一
営業電話〇三―三九三七―〇三〇〇
組　版●（株）シーフォース
装　幀●冨澤崇（Ebranch）
印刷・製本●シナノパブリッシングプレス

定価はカバーに表示してあります

ISBN978-4-497-21417-1　C0036
乱丁・落丁本はお取り替えいたします。
恐れ入りますが直接小社までお送りください。

小社ホームページ〈中国・本の情報館〉で小社出版物のご案内をしております。
http://www.toho-shoten.co.jp/

「台湾学術文化研究叢書」刊行予定

【編集委員】

王徳威　ハーバード大学東アジア言語及び文明学科 Edward C. Henderson 講座教授、台湾・中央研究院院士

黄進興　台湾・中央研究院副院長、歴史語言研究所特聘研究員、中央研究院院士

洪郁如　一橋大学大学院社会学研究科教授

黄英哲　愛知大学現代中国学部教授

王甫昌／松葉隼・洪郁如訳『族群　現代台湾のエスニック・イマジネーション』二〇一四年一一月刊
（『当代台湾社会的族群想像』群学出版有限公司、二〇〇三年）

張小虹／橋本恭子訳『フェイク　タイワン　偽りの台湾から偽りのグローバリゼーションへ』二〇一七年五月刊
（『假全球化』聯合文学、二〇〇七年）

王徳威／神谷まり子・上原かおり訳『抑圧されたモダニティ　清末小説新論』二〇一七年六月刊
（*Fin-de-siècle Splendor: Repressed Modernities of Late Qing Fiction, 1849–1911*. Stanford: Stanford University Press, 1997）

李孝悌／野村鮎子ほか訳『恋恋紅塵　中国の都市、欲望と生活』二〇一八年七月刊
（『昨日到城市——近世中国的逸楽与宗教』聯経出版、二〇〇八年）

夏暁鵑／前野清太朗訳『「外国人嫁」の台湾　グローバリゼーションに向き合う女性と男性』二〇一八年八月刊
（『流離尋岸　資本国際化下的「外籍新娘」現象』《台湾社会研究》雑誌社、二〇〇二年）

蕭阿勤／小笠原淳訳『現実へ回帰する世代　1970年代台湾文化政治論』
（『回帰現実――台湾1970年代的戦後世代与文化政治変遷』中央研究院社会学研究所、二〇〇八年初版、二〇一〇年二刷）

黄進興／中純夫訳『孔子廟と儒教　学術と信仰』
（『聖賢与聖徒――歴史与宗教論文集』『優入聖域――権力、信仰与正統性』允晨文化、二〇〇一年、一九九四年初版・二〇〇三年二刷より編集翻訳）

石守謙／木島史雄訳『移動する桃源郷　東アジア世界における山水画』
（『移動的桃花源――東亜世界中的山水画』允晨文化、二〇一二年）

許雪姫／羽田朝子訳『離散と回帰――満洲国の台湾人』
（『離散与回帰――台湾人在満洲国与台湾之間』、二〇一五年）

黄進興／工藤卓司訳『孔子廟と帝国――国家権力と宗教』
（『聖賢与聖徒――歴史与宗教論文集』『優入聖域――権力、信仰与正統性』允晨文化、二〇〇一年、一九九四年初版・二〇〇三年二刷より編集翻訳）

※書名は変更される場合があります。